Vorwort

Was für eine wunderbare Art des Reisens! Land und Leute kennenlernen über die Gerichte, die den Menschen dort wichtig sind, in Gasthäusern, die aus jeder Ritze eine Geschichte erzählen. Für dieses Buch durfte ich mit vielen Gastgebern, Köchinnen und Köchen spannende Gespräche führen. Dafür möchte ich mich an dieser Stelle herzlich bedanken.

Erfahren habe ich nicht nur von alten Familienrezepten, von der Begeisterung für gute Produkte und regionale Traditionen. Nein, die Wirte haben mir auch von ihrem Alltag und der Stimmung an den Stammtischen erzählt. Und davon, wie es mit ihren Häusern weitergeht. Die gute Nachricht: Trotz der großen Herausforderungen sind die Kinder – gegen den Trend – in den meisten Fällen bereit, das Haus ihrer Eltern weiterzuführen. Alle vier Töchter seien in der Gastronomie tätig, erzählte etwa ein Gastwirt stolz.

Alle Leserinnen und Leser möchten wir einladen, sich mit diesem Buch auf eine ganz besondere Erkundungstour zu begeben. Wir wünschen Ihnen eine schöne kulinarische Reise!

Ihre Beate Schindler

Inhalt

WEINREGIONEN

DEUTSCHLAND
ÖSTERREICH
SCHWEIZ

Impressum

MEIN SCHÖNES LAND
LANDGASTHOF-FÜHRER 2018
erscheint in der
BURDA SENATOR VERLAG GmbH,
Hubert-Burda-Platz 1, 77652 Offenburg,
Tel.: 0781/8401, Fax: 0781/842254,
mein-schoenes-land@burda.com,
www.mein-schoenes-land.com
Registergericht: Freiburg
Registernummer: HRB 471579
USt-IdNr.: DE 811760 406

GESCHÄFTSFÜHRUNG: Frank-Jörg Ohlhorst, Kay Labinsky
CHEFREDAKTION LAND: Marie-Luise Schebesta
LEITENDE REDAKTEURIN: Beate Schindler (fr.) (V.i.S.d.P.)
ART-DIREKTORIN/GRAFIK: Gönül Pasinli (fr.)
REDAKTION: Beate Schindler (fr.)
BILDREDAKTION: Michael Gregonowits, Beate Schindler
SCHLUSSREDAKTION: Alfred Mathis (fr.)
PRODUKTION: Bernd Jünger
SEKRETARIAT: Sabine Valha (Sabine.Valha@burda.com)
VERTRIEB: MZV GmbH & Co. KG, 85716 Unterschleißheim, www.mzv.de
VERTRIEBSLEITUNG: Timo Wenzlawski
VERLAG: BURDA SENATOR VERLAG GMBH, Postfach 15 20, 77605 Offenburg

MANAGING DIRECTOR: Nina Winter
SENIOR BRAND MANAGEMENT: Jasmin Hasel
REPRO: Thomas Wiedemer, Pixel4Media – Burda Magazine Holding GmbH
DRUCK: GGP Media GmbH
REDAKTION: MEIN SCHÖNES LAND, Postfach 1520, 77605 Offenburg, Tel.: 07 81/84 51 54, Fax: 07 81/84 22 54
Mit dem Wort ANZEIGE gekennzeichnete Seiten sind vom Werbetreibenden gestaltet und nicht Teil des redaktionellen Inhalts.
Datenschutzanfrage: Telefon: 07 81/639 6100
Fax: 07 81/639 6101
E-Mail: meinschoenesland@datenschutzanfrage.de

Ein Unternehmen von

BurdaHome

Bildnachweise

Cover: Michael Gregonowits;
MSL/Florian Wachsmann (21), MSL/Michael Gregonowits (10), MLK/Michael Gregonowits (14), MLK/Iris Rothe (1), Neumann/Krenzers Röhn (2), Dominik Hertwig/Ole Müllern Schün (2), MLK/Susanne Haas (4), MSL/Tina Schramm (3), MSL/Christoph Düpper (2), Peter von Felbert/Altenauer Dorfwirt (3), Alfred Jansen/Thalfang (5), Peter Knaup/Adlerwirtschaft (5)

Legende zu den Landgasthöfen

- Gästezimmer
- Fischzucht, besonderes Fischangebot
- Metzgerei, Wursterei
- gute Bierempfehlungen, ggf. Brauerei
- besondere Weinauswahl, ggf. Weingut
- ausgesuchte Brände, ggf. Brennerei
- Hofladen

„Teil unserer Kultur“

Ein Gespräch über Landgasthöfe

Angela Inselkammer und Fritz Keller im Wirtshaus "Ayingers" am Münchener Platzl

Genussbotschafter: Fritz Keller und Angela Inselkammer

Bier trifft Wein

Ortstermin in München: Die Wirtin des Brauereigasthofs in Aying, Angela Inselkammer, unterhielt sich mit Gastwirt und Winzer Fritz Keller vom badischen Kaiserstuhl über kulinarische Schätze und die Bedeutung der Landgasthöfe

Warum sind unsere Landgasthöfe so wichtig?
Keller: Weil sie Teil unserer Landeskultur sind. Hier wird das kulinarische Erbe einer Region bewahrt. Es ist wichtig, dass traditionelle Gerichte auch in Zukunft gekocht werden.
Sie machen oft sehr viel Arbeit, aber sie sind so wertvoll.
Bei uns im „Rebstock" werden die Speisen nach Rezepten meiner Großmutter und meiner Mutter zubereitet. Etwa ein speziell eingelegter Sauerbraten oder die „Kratzete" (Pfannkuchen) nach badischer Art – zu Spargel, der ohne Folie gewachsen ist. Das sind wunderbare Gerichte.

Auch Jüngere fragen immer mehr nach dem Ursprünglichen, richtig?
Inselkammer: Ja, Regionalität ist der wichtigste Trend, den wir haben. In jeder Altersgruppe. Das Brot der Gegend, der Käse. Aber trotzdem sind die Wirtsfamilien teils vor große Aufgaben gestellt: Sie haben das Publikum nicht mehr, das wie früher regelmäßig in die Dorfwirtschaft geht.
Damals ist man auch mal eingekehrt, um sich zu unterhalten, in Gesellschaft zu sein und ein Bier zu trinken, so wie die Menschen in der Stadt in ihrer Eckkneipe. Das erleben wir zwar immer noch, aber nur vereinzelt. Heute bleiben die Menschen eher zu Hause und kommunizieren digital.

Fotos: Moritz Röder

Über wertvolle Traditionen und die Zukunft des Wirtshauses diskutierten Angela Inselkammer (Mitte) und Fritz Keller. Links im Bild Autorin Beate Schindler

Wird es deshalb künftig weniger Wirtshäuser geben?
Inselkammer: Viele stellen sich hervorragend auf die neue Lage ein. Sie schaffen sich mit ihrem guten Angebot, mit ihrer Persönlichkeit und Leidenschaft einen Namen. Ja, wir Wirte müssen den Gästen einen Grund geben, zu uns zu kommen. Zu 90 Prozent handelt es sich bei den Gaststätten auf dem Land übrigens um Familienbetriebe.
Bei all diesen Leuchttürmen ist es aber in der Tat so, dass es allein in Bayern in 500 Gemeinden keine Wirtschaft mehr gibt. In manchen Orten existiert nur noch eine einzige, vor 20 Jahren waren es noch sechs oder sieben. Es lohnt sich nicht mehr oder es fehlen die Mitarbeiter. Deshalb müssen wir alles daransetzen, hierfür ein Bewusstsein

zu schaffen. Eine Welt ohne Wirtshaus – das wäre eine armselige Veranstaltung, oder?

Keller: Da muss ich Ihnen recht geben. In dieser Situation sehe ich aber auch eine Chance. Unsere Speisen, unsere Weine und Biere sind konkurrenzfähiger als je zuvor. Menschen von weither möchten all dies kennenlernen. Es bedeutet uns ja selbst viel, eine Gegend über ihre Spezialitäten zu erleben. Wenn ich morgens über die Donau nach Bayern fahre, dann freue ich mich schon auf die gute Weißwurst, in Asien genieße ich die Streetfood-Küche – und daheim den Löwenzahnsalat, der in den Reben wächst. In dieser schnellen Welt lieben wir die Geschmackserlebnisse, die zu einem ganz bestimmten Ort gehören. Wir möchten wissen: Was essen die Leute hier?

Besonders die Wirte und Köche auf dem Land sind Genussbotschafter ihrer ganzen Region. Sie verarbeiten die Tiere der ansässigen Metzger, das Gemüse und Obst der Landwirte und schenken die Weine der Winzer aus. Und natürlich auch Bier (lacht).

Wieweit spielt die Lage des Gasthauses eine Rolle?
Inselkammer: Nur weil eines nah bei München liegt, hat es nicht automatisch eine volle Stube. Grundsätzlich hilft vielen sicher, dass die Menschen ihren Urlaub immer häufiger hierzulande verbringen und gar nicht mehr so weit wegfahren.
Keller: Wo viele Produkte wachsen oder es etwas Besonderes gibt, hat es die Gastronomie vielleicht leichter – in den Weinanbaugebieten, aber auch am Meer oder am Bodensee mit den Fischen. Eine spezielle Regionalküche ist immer aus Zutaten entstanden, die vor der Tür gewachsen sind oder verfügbar waren. Das gilt für das Wild aus den Wäldern und die Forelle aus dem Gebirgsbach genauso wie für die Buchweizentorte in der Lüneburger Heide.

Kommen wir zum Stammtisch. An ihm hat sich früher das ganze Dorf getroffen.
Inselkammer: Ein wichtiges Stichwort. Die Wirtschaft sollte auch heute wieder Mittelpunkt des Ortes sein. Natürlich kann man die Zeit nicht zurückdrehen – und das will ja auch keiner –, aber ich weiß noch, wie das Telefon im Gasthaus der Großmutter meines Mannes lange das einzige von ganz Aying war. So haben sich die Leute immer dort getroffen.
Wirte könnten die Poststelle übernehmen oder, falls sie Kapazitäten haben, am Sonntag frische Lebensmittel wie Milch, Fleisch, Salat und Backwaren verkaufen. Einige wenige Gasthof-Läden, die wir schon haben, beweisen, dass man damit großen Erfolg haben kann.

Und unter der Woche?
Keller: Ein Kollege von mir im Schwarzwald hat für die Schule gekocht. Das war eine tolle Idee. Woanders könnten Senioren verköstigt werden. Leider scheitern solche Aktionen oft an irgendwelchen Vorschriften.

Leckeres Weißwurst-Frühstück unter Experten

Inselkammer: Das stimmt. Deshalb freut es mich, dass viele erkennen, dass wir die Gasthäuser, was die Bürokratie anbetrifft, unbedingt entlasten müssen. Jeder Wirt hat von sich aus das Interesse, mit seinen Mitarbeitern eine gute Arbeit zu machen. Dazu zählt auch die Erhaltung der Anwesen. Sie sind oft denkmalgeschützt und haben eine wichtige geschichtliche Bedeutung. Haus und Hof zu pflegen oder umzugestalten ist für manchen Gastgeber schon allein eine Lebensaufgabe.

Interview: Beate Schindler

Angela Inselkammer

Die Hotelfachfrau ist Gastgeberin des Brauereigasthofs „Aying“ in Aying nahe München. Zum Unternehmen gehört die Brauerei Aying. 2016 wurde Angela Inselkammer zur Präsidentin des DEHOGA Bayern gewählt. Mit dem Verband setzt sie sich für die Zukunftsfähigkeit der Wirtshäuser ein. Ihre Kinder sind auch in der Branche tätig.

Fritz Keller

Der Winzer und Gastwirt führt mit seiner Familie das Sterne-Restaurant „Schwarzer Adler“, den Gasthof „Rebstock“ und die „Kellerwirtschaft“ in Oberbergen im Kaiserstuhl (Baden). Im Familienweingut „Franz Keller“ übernahm bereits Sohn Friedrich Verantwortung.
Fritz Keller ist zudem Präsident des SC Freiburg.

Silvaner
Heimat.
FRANKEN
www.frankenwein-aktuell.de

So schmeckt Heimat

110 ausgewählte Genussorte

Mit hellen heimischen Hölzern sind die beiden Gaststuben gestaltet

Schwab's Landgasthof

in Schwarzach am Main, Franken

Obst und Gemüse aus dem eigenen Garten und viele gute Lieferanten aus der Region – Joachim Schwab sieht man die Freude am Werkeln tagtäglich an. Gerne geht er mit Freunden auf die Jagd und beweist anschließend mit wunderbaren Wildgerichten große Kochkunst. Während der fränkischen Karpfensaison rückt er die regionale Spezialität ins richtige Licht.

Seit 25 Jahren führt Familie Schwab den Gasthof in der vierten Generation. Vor einigen Jahren kam auch noch ein eigener Weinberg hinzu. Hier baut der rührige Gastwirt die fränkische Traditionssorte Silvaner an (Schwabs Silvaner „No1") und präsentiert den Rebensaft stolz seinen Stammgästen.
Längst hat Schwab auch ein Kochbuch geschrieben, in dem er seine besten Wildrezepte verrät. Außerdem organisiert er für seine Freunde regelmäßig Kochkurse.

Auf einen Blick

„Schwab's Landgasthof", gehobene fränkische Regionalküche, urgemütliche Gaststuben, „Weingärtchen", Gästezimmer, in den Räumlichkeiten Bronzeskulpturen des heimischen Künstlers Theophil Steinbrenner.

Bamberger Straße 4, 97359 Schwarzach am Main,
Tel. 09324-1251, www.landgasthof-schwab.de

Klein und fein: die „Iphöfer Kammer“ im Weinstädtchen Iphofen

Zur Iphöfer Kammer

in Iphofen, Unterfranken

Am pittoresken Marktplatz von Iphofen – gegenüber vom Rathaus und neben der Kirche Sankt Veit – haben Küchenmeister Markus Lösch und Weinexpertin Heidrun Kaufmann den perfekten Platz gefunden. In dem historischen Gebäude der Familie Wirsching verwöhnen sie ihre Gäste mit viel Liebe zum Detail.

Wie im Wohnzimmer fühlt man sich in der geschmackvoll renovierten Stube. Markus Lösch kocht eine ehrliche saisonale Küche, alte fränkische Rezepte verfeinert er raffiniert. Frische Lachsforellen von Familie Pfannes, Bio-Schwein von Johannes Buchner, Wild vom Stadtförster Rainer Fell – für die Gastgeber haben Produkte aus der Gegend oberste Priorität. Im eigenen Garten im nahen Castell wachsen Gemüse, Kräuter und die gute Birne „Luise“, die Heinrich K. Linz aus Prichsenstadt zu feinem Schnaps brennt. Beste Weine liefert das VDP-Weingut Hans Wirsching.

Auf einen Blick

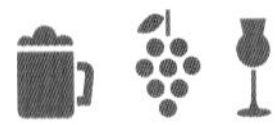

„Zur Iphöfer Kammer“: feine fränkische Küche mit regionalen Produkten, gemütliche Stube mit 26 Plätzen, „Kammergärtchen“ mit 16 Plätzen, von Würzburg aus sind es mit dem Auto 30 Minuten, vom Bahnhof Iphofen zu Fuß 15 Minuten.

Marktplatz 24, 97346 Iphofen
Tel. 09323-8772677, www.kammer-iphofen.com

Erbaut wurde das Haus 1785, seit 1920 ist es in Besitz der Michels

Michels Stern

in Marktbreit, Unterfranken

Direkt am Main und inmitten der fränkischen Rebberge führen Wolfgang und Stefan Michel auf hohem Niveau fort, was ihr Urgroßvater mit einem Bierausschank begonnen hat.

Die beiden Brüder und ihre Familien sind stets auf der Suche nach besonderen Lebensmitteln und Lieferanten aus der Gegend. So empfiehlt es sich unbedingt, ein Gericht vom „Oberleimbacher Schwarzerle“ zu probieren, einem Schwein, das Bio-Bauer Johannes Buchner im nahen Leimbach aus einer Urrasse gezüchtet hat. Der buttrige Geschmack ist unvergesslich. Gerne empfiehlt das Haus auch die Forellen von der Hagenmühle und den Käse von der Hofkäserei Brunner in Willanzheim.
Silvaner-Fan Stefan und seine Frau Annabelle bieten regelmäßig spezielle Weinabende an und kombinieren zu den Speisen beste fränkische Gewächse. Bier gibt's von Pax Bräu in der Rhön.

Auf einen Blick

„Michels Stern“: feine fränkische Küche, gemütliche Gaststube, Nebenzimmer für stilvolle Festlichkeiten, im Sommer Plätze im Hof, elf Gästezimmer, spezielle Weinabende mit fränkischen Weinen

Bahnhofstraße 9, 97340 Marktbreit
09332-1316, www.michelsstern.de

Volkach liegt am Rande des Naturparks Steigerwald

Bayern

Schwane

in Volkach, Franken

Tipp:
Eine Kanufahrt auf dem Altmain mit Brotzeit und fränkischen Weinspezialitäten

Das schmucke Gasthaus mitten im Weinstädtchen Volkach findet 1404 seine erste urkundliche Erwähnung. Die Großeltern der heutigen Chefin Eva Pfaff-Düker haben es 1933 gekauft und auch das gleichnamige Weingut gegründet.

Ein immer herzliches „Schwane"-Team verwöhnt die Gäste in den urgemütlichen Stuben mit vornehmlich fränkischen Gerichten. Die Gastgeber legen großen Wert darauf, traditionelle Rezepte zu verfeinern und Produkte aus der Region ins rechte Licht zu rücken: Wild aus dem Gramschatzer Wald, Karpfenschinken aus dem Aischgrund und Forellen von der örtlichen Fischzucht Gerstner. Obst und Gemüse stammen teils aus eigenem Anbau. Perfekt passen dazu die exzellenten Schwane-Weine oder das Krautheimer Bier. Für ihre Gäste organisieren Dükers jederzeit gern eine Weinprobe.

Auf einen Blick

„Schwane": feine fränkische Küche, fünf Stuben und Kreuzgewölbe, im Sommer Sitzplätze im historischen Hof und vor dem Haus, eigenes Weingut (VDP), Hausbrennerei und Romantik-Hotel.

Hauptstraße 12, 97332 Volkach
Tel. 09381-80660, www.schwane.de

Das 1812 erbaute „Alte Pfarrhaus“ im oberfränkischen Schönwald

Altes Pfarrhaus

Schönwald im Fichtelgebirge

An einer freundlichen Lichtung am Fuße des Kornbergs steht das schöne „Alte Pfarrhaus". Behutsam hat es Besitzer Freiherr Luis von der Borch vor einigen Jahren saniert, die fleißigen Pächter Katrin und Axel Grünert verwandelten zudem die angrenzende Scheune in einen wunderbaren Ort für Festlichkeiten.

„Immer mit Herz bei der Sache" heißt das Credo der Wirtsleute. Deshalb fühlt man sich hier sofort gut aufgehoben. Unter der Woche bereitet die Wirtin – und Chefin am Herd – fränkische Hausmannskost und feine, frische Gemüsegerichte zu.
An Sonn- und Feiertagen gibt's köstlichen Braten mit hausgemachten Knödeln – und unvergesslich guter Soße. Wild stammt stets aus der heimischen Jagd. Beste Biere liefert „Lang Bräu" aus dem nahen Schönbrunn. Aufs Haus geht für jeden Gast zum Abschied ein selbst hergestellter Walnusslikör.

Auf einen Blick

„Altes Pfarrhaus": leckere bodenständige Küche mit vielen Zutaten aus der Region, urige Stuben, große Gartenwirtschaft, Scheune für Festlichkeiten mit 65 Sitzplätzen, von Hof 30 Autominuten, prima per Rad erreichbar

Göringsreuth 1, 95173 Schönwald im Fichtelgebirge
Tel. 09287-50309, www.altes-pfarrhaus-schoenwald.de

Erholung und Ruhe findet man bei Winbecks in Niederbayern

Winbeck

Bayerbach im Rottal

Die vielen Wandermöglichkeiten, der Rottal-Radweg oder das Heilbad in Bad Birnbach bringen viele Gäste in diese schöne Ecke Niederbayerns. Wer einmal bei Winbecks eingekehrt ist, kommt immer wieder hierher. Die herzliche Wirtin Henrike Winbeck führt den Familienbetrieb nun in der vierten Generation. Ob in der „Stubn" am Kachelofen oder im Sommer draußen im Garten – die Küchenmannschaft verwöhnt die Erholungssuchenden mit frisch gekochten, bodenständigen Gerichten. Dienstags werden geschmorte Innereien angeboten, am Freitag gibt's traditionell Fisch. Gärtner und Bauern der Umgebung versorgen das Gasthaus mit Salat und Gemüsen.

Die guten heimischen Biere weisen auf eine andere Familienaktivität hin: Seit 1874 sind Winbecks mit einem Zelt, der „Holzhamer Hütte", auf dem Volksfest im nahen Karpfham vertreten.

Auf einen Blick

„Winbeck": gutbürgerliche Küche mit vielen Produkten aus der Region, zwei gemütliche, helle Gasträume und die „Stubn", 15 Gästezimmer, maximal 20 Autominuten zu den Bädern in Bad Birnbach, Bad Griesbach und Bad Füssing

Holzham 5, 94137 Bayerbach
Tel. 08532-925880, www.landgasthof-winbeck.de

Wohlfühlort nahe der tschechischen Grenze: das Wirtshaus „Osl“

Tipp:
Eigene Bio-Rinderzucht auf dem Bauernhof der Familie in der Nähe des Städtchens

Osl

Bad Kötzting, Oberpfalz

Der Mühlbauer Johann Osl erwarb 1853 das Wirtshaus am Kötztinger Marktplatz und seither ist es in stolzem Familienbesitz. Martin und Josef Koller führen das Haus in sechster Generation. 2012 haben die Brüder das Gasthaus geschmackvoll zurückgebaut. Ein Kachelofen wurde freigelegt. Verborgene, sieben Meter lange Vollholzdielen wurden ans Tageslicht befördert und geölt. Der frühere Tanzsaal im Obergeschoss ist wieder Gastraum in Gestalt einer Galerie.

Josef Koller, der Küchenchef, erhält von Josef Koller senior beste Ware vom 20 Kilometer entfernten Familienbauernhof, wo dieser nach Bio-Vorgaben Angusrinder aufzieht, Forellen und Saiblinge hält. Neben großartigen Steaks bereitet der Junior auch Züngerl und Kutteln, ebenso feines Vegetarisches zu. Bier gibt es von „Augustiner“ in München, Schnaps von der Edelbrennerei Liebl.

Auf einen Blick

„Osl“: feine regionale Küche, Wirtschaft mit Galerie, herrliche Sitzplätze am Marktplatz, eigener Bio-Bauernhof, regelmäßig spezielle Genussabende. Bad Kötzting ist ein Kneippheilbad.

Marktstraße 32, 93444 Bad Kötzting
Tel. 09941-1045, www.wirtshaus-osl.de

Ort der Ruhe unweit der deutsch-tschechischen Grenze

Tipp:
Ausflug ins nahe Regensburg mit der weltbekannten historischen Innenstadt

Ödenturm

Chammünster in der Oberpfalz

Auf der grünen Wiese am Fuße des Lambergs bauten Anna und Ernst Hunger 1951 ihr neues Wohnhaus. Dass daraus einmal eine weithin bekannte Wirtschaft werden könnte, dachte niemand. Weil die Ausflügler auf dem Weg zum nahen Marienmünster immer wieder nach einer kühlen Erfrischung fragten, schenkten Hungers zunächst Bier aus. Zwei Jahre später eröffneten sie das Gasthaus, benannt nach der benachbarten Ruine „Ödenturm".

Der heutige Wirt Ernst Hunger und seine Frau Brigitte verwöhnen ihre Gäste mit frisch zubereiteten Speisen und herzlicher Gastfreundschaft. Wild aus dem Bayerischen Wald, Lamm vom Bauer Gleixner aus Thann, Gemüse und Salat von der nahen Gärtnerei Raum – regionale Produkte sind eine Selbstverständlichkeit. Übernachtungsgäste dürfen sich auf ein Frühstück mit hausgemachten Marmeladen freuen.

Auf einen Blick

„Am Ödenturm", leckere Küche mit regionalen Zutaten, gemütliche Gaststuben (130 Plätze), Terrasse, zehn renovierte Gästezimmer und Bungalows, regelmäßig Lesungen ostbayerischer Schriftsteller

Am Öden Turm 11, 93413 Chammünster
Tel. 09971-89270, www.oedenturm.de

Genussort zwischen Nürnberg und Regensburg: Landgasthof Meier

Landgasthof Meier

in Hilzhofen im Oberpfälzer Jura

Selten wird der Anspruch, nachhaltig zu kochen, so eindeutig erfüllt wie bei Meiers in Hilzhofen. Und das so wohlschmeckend! Seit hundert Jahren betreibt die Familie Gastronomie. In den 70er Jahren hat sie das ursprüngliche Anwesen erweitert, 1998 haben die jungen und charmanten Wirtsleut Claudia und Michael das Haus von den Eltern übernommen.

Nach strengen Bio-Prinzipien bauen sie Obst und Gemüse größtenteils selbst an. Pastinaken, Petersilienwurzeln, Rotkohl – in der kalten Jahreszeit kommt vieles aus dem Winterlager. Benachbarte Bauern liefern Fleisch aus artgerechter Tierhaltung. In den vor zwei Jahren geschmackvoll modernisierten Stuben, im Garten und im Stadl serviert das Team pure Regionalküche. Die Stammgäste schätzen, dass auch offen nur beste Weine gereicht werden. Der Bier-Klassiker: das „Neumarkter Lammsbräu“.

Auf einen Blick

„Landgasthof Meier“: feinste Bio-Küche, Obst und Gemüse aus eigenem Anbau, Bio-Fleisch von benachbarten Bauern, historischer Stadl für Festlichkeiten, Gartenwirtschaft, regelmäßig Kunstausstellungen, Gästezimmer.

Hilzhofen 18, 92367 Pilsach
Tel. 09186-237, www.landgasthof-meier.de

Das Haus ist 300 Jahre alt, Familie Rottner führt es seit 200 Jahren

Drei Stuben befinden sich im Erdgeschoss, drei im Obergeschoss

Gasthaus Rottner

in Nürnberg

Es ist wohl das schönste Fachwerkhaus weit und breit und die Rottners sind sich der Verantwortung für diesen besonderen Ort bewusst. Liebevoll werden die behaglichen Stuben mit den stilvollen Möbeln gepflegt und immer wieder geschmackvoll umdekoriert. Hausherr Stefan und seit Neuestem auch Sohn Valentin kochen eine gehobene fränkische Küche. Valentin ist begeisterter Jäger, seine Wildgerichte sind ein Geheimtipp. Das Haus ist Mitglied bei Slow Food und teils Bio-zertifiziert. Das Gemüse beziehen Rottners von einem Bio-Gemüsehändler. Draußen unter den Linden und Kastanienbäumen werden eine eher bodenständige Küche und Vesper serviert.

Wirtin Claudia Rottner ist geprüfte Sommeliere. Ihr Anliegen ist es, den Gästen die besonderen Weine aus Franken näherzubringen. Tochter Lisa führt das dazugehörige Hotel.

Auf einen Blick

„Rottner": gehobene fränkische Küche, urige Stuben über zwei Stockwerke, Mitglied bei Slow Food, teils Bio-zertifiziert, Wild aus eigener Jagd, Biergarten, jeden Samstag (und manchmal werktags) Kochkurse, Romantik-Hotel.

Winterstraße 15–17, 90431 Nürnberg
Tel. 0911-612032, www.rottner-hotel.de

Das schmucke Haus ist Treffpunkt für Einheimische und Ausflügler

Tipp:
Ein nach Hausrezept gebrautes Laupheimer Edelbräu probieren

Laupheimer

Westerheim-Günz im Allgäu

Die Geschichte des stattlichen Gasthofs beginnt vor mehr als 600 Jahren. Damals gab es im lieblichen Günztal ein Haus, das den Namen „Wirth“ trug. Überliefert ist auch, dass es bis 1803 dem Kloster Wald gehörte und eine Schenke beherbergte.
Auf deren Grundmauern wurde das imposante Gebäude errichtet, das sich seit 1888 im Besitz der Familie Laupheimer befindet. In der fünften Generation führen Martin und seine Frau Angela Laupheimer den Betrieb. Tochter Maria organisiert, Sohn Markus ist in der Küche tätig.

Allein der Blick auf die Karte macht Appetit: Carpaccio vom Allgäuer Weiderind, hausgemachte Maultaschen, Unterallgäuer Leibspeis – mit Käse gefüllte Rinderwickel auf Gemüse. Aus der Region bezieht das Gasthaus besten Allgäuer Käse, fangfrischen Fisch, Wild, Fleisch und die übrigen Zutaten seines Erfolgs.

Auf einen Blick

„Laupheimer“: feine Allgäuer Küche, stilvolle Gaststube, Bräustüble mit Gewölbe, Nebenzimmer, Saal sowie Feststadl für große Feierlichkeiten, neun moderne Zimmer, Brauerei. Im Biergarten regelmäßig Grillabende mit Musikprogramm

Dorfstraße 19, 87784 Westerheim-Günz
Tel. 08336-7663, laupheimer.de

Käsermeister Georg Gründl in der Käserei

Thalkirchdorfer Dorfhaus

Oberstaufen im Allgäu

Ohne Imelda Erd würde es diesen schönen Ort wohl nicht mehr geben. Vor zehn Jahren übernahm sie das „Dorfhaus“ mit seinen urigen Stuben und erweiterte es mit dem etwas größeren, modernen Gastraum „Lichtblick“.
Von diesem sieht man direkt in die Sennerei, wo Käse und Joghurt hergestellt werden. Mit Käsermeister Georg Gründl richtete die Wirtin eine Käseschule ein. Hier können die Gäste lernen, wie man Käse oder auch Butter herstellt. Die Küche zaubert erstklassige Allgäuer Käsespatzen, Käseschnitzel und weitere leckere regionale Gerichte.

Im Haus gibt es auch einen Dorfladen, den Einheimische und Feriengäste gleichermaßen schätzen. Frische Backwaren, ausgewählte Lebensmittel und geschmackvolle Geschenkartikel aus der Region zählen zum Angebot.

Auf einen Blick

„Thalkirchdorfer Dorfhaus“: leckere Allgäuer Küche, urige Stuben sowie der mit hellen Hölzern modern ausgebaute Raum „Lichtblick“, Käseschule, Dorfladen, vier Gästezimmer und sechs Ferienwohnungen im alpenländischen Stil.

Kirchdorfer Straße 5, 87534 Oberstaufen
Tel. 08325-9580, www.dorfhaus.de

Beste Küche in gemütlichem Ambiente im Nördlinger Ries

Meyers Keller

in Nördlingen/Ries

Ein Wirtshaus ohne Hemmschwelle soll „Meyers Keller“ sein. Joachim Kaiser und seine Frau Evelin haben die frühere Brauerei 1984 von Kaisers Mutter, einer Braumeisterin, übernommen. Bis in die 70er Jahre hatte sie hier noch gebraut.
Seit über 30 Jahren bieten Kaisers nun schon eine engagierte und hochfeine Regionalküche, produzieren im feuchten Lagerkeller eigenen Schinken, bauen Gemüse an, sammeln Pilze und Wildkräuter. Ob Spargel von Frau Strass aus Adelheim oder Fleisch vom Förderkreis Limpurger Weiderind in Ilshofen – der Wirt ist immer auf der Suche nach guten Produkten aus der Umgebung.

In den geschmackvoll hergerichteten Räumen, teils holzvertäfelt, teils mit freigelegten Bruchsteinmauern, servieren Kaisers passend heimische Biere, u. a. von Fürst Wallerstein, sowie überwiegend deutsche Weine.

Auf einen Blick

„Meyers Keller“: feinste regionale Küche (1 Michelin-Stern), eigene Schinkenherstellung, Küchenfeste mit Berufskollegen, romantischer Keller für Veranstaltungen, Gartenwirtschaft unter den Kastanienbäumen mit Blick auf Nördlingen.

Marienhöhe 8, 86720 Nördlingen/Ries
Tel. 09081-4493, www.meyerskeller.de

Hort der Gastlichkeit am Ebersberger Forst im Wirtshaus „Zum Vaas“

Zum Vaas

in Forstinning, Oberbayern

Seit die Geschwister Veronika und Johannes Bauer vor einigen Jahren den prächtigen, seit 1864 bestehenden Gasthof übernahmen, hat er sich zum Geheimtipp für die Münchner entwickelt. Im holzgetäfelten Gastraum mit dem urigen Kachelofen oder im wunderschönen Biergarten möchte man gar nicht mehr aufstehen. Benannt ist das Haus nach dem Ur-Ur-Großvater der beiden, Johannes Vaas, der den Gasthof 1925 erwerben konnte. Küchenchef Philipp Schneider, ein gebürtiger Kaiserstühler, köchelt von der Kalbsleber bis zum Spinatknödel feinste Kost. Das Gemüse kommt teils direkt aus dem eigenen Garten oder von den Gärtnereien Willi Böck und Lupperger, das Fleisch von Metzgereien der Region.

Neben den feinen Bieren, u.a. der nahen Schlossbrauerei Maxlrain, ist besonders die umfangreiche Weinkarte erwähnenswert.

Auf einen Blick

„Zum Vaas": feine alpenländische Küche, urgemütliche Räumlichkeiten für Familienfeiern, Biergarten mit kleinem Kinderspielplatz, Gemüsegarten, schön renovierte Gästezimmer.

Münchener Straße 88, 85661 Forstinning,
Tel. 08121-43091, www.zum-vaas.de

Aying – Ort großer Brauereitradition südöstlich von München

Spezialität: zünftige weißblaue Brotzeit mit Produkten aus der Region

Ayinger Bräustüberl

in Aying, Oberbayern

Die weithin bekannte Brauereifamilie Inselkammer hat ihr stattliches Bräustüberl 2013 nach aufwendiger Renovierung wiedereröffnet. Seit 200 Jahren gibt es das Anwesen. Gleich daneben gründeten die Vorfahren der heutigen Besitzer 1878 die Ayinger Brauerei. Von da an wurde im Stüberl Bier ausgeschenkt und Brotzeit dazu angeboten. Mit seinem prächtigen Biergarten ist es nun längst eine Institution für Einheimische und Feriengäste geworden. Eine knappe Autostunde südöstlich von München geht es besonders an den Wochenenden rund um die Ayinger Kirche lebhaft zu. Daneben liegt der gehobenere „Brauereigasthof" mit feinster Landküche und schönen Gästezimmern.

Schlachtfrisches Kesselfleisch, Blut- und Leberwurst – je nach Jahreszeit bietet das Bräustüberl köstliche Traditionsgerichte. Das Fleisch stammt ausschließlich aus der Region.

Auf einen Blick

„Ayinger Bräustüberl": bodenständige bayerische Küche, Biere aus der eigenen Brauerei, Biergarten, jeden ersten Dienstag im Monat Musikantenstammtisch. Daneben liegt der gehobenere Brauereigasthof mit Hotel.

Münchener Straße 2, 85653 Aying
Tel. 08095-1345, www.ayinger-braeustueberl.de

Willkommen: die Tür des Familiengasthofs, umrankt von Glyzinien

Weißenbeck

in Unterbachern, Oberbayern

Die Liebe zur Natur und die Begeisterung dafür, mit ihr in Einklang zu kochen, hat Elisabeth Weißenbeck von Oma Anni und Mutter Barbara geerbt. Fröhlich erzählt die Küchenchefin, dass mittlerweile nur echt Hausgemachtes auf die Teller kommt, etwa das täglich frisch gebackene Brot in mehreren Varianten.

In dem prachtvollen Bauernhaus startete die Großmutter 1956 mit der Bewirtung. Wie sie kauft die Enkelin Fleisch, Fisch und Gemüse soweit wie möglich in der Gegend, zum Beispiel das Rind bei Bauer Schwarz in Bergkirchen. Vater und Bruder jagen, das Erlegte wird komplett verarbeitet. Etwas Leckeres aus Teilen eines Tieres zu zaubern, die früher eher unbeachtet blieben, zeichnet ihre Küche aus. Als Beispiel sei die köstliche Ochsen-Zwerchrippe genannt, die je nach Jahreszeit gegart und mit Vitaminen vom Gemüsebeet gereicht wird.

Auf einen Blick

„Weißenbeck“: feinste Landküche, original bayerische Gaststube, Gartenwirtschaft inmitten von Blumen, Saal für Festlichkeiten (bis zu 180 Sitzplätze), von München Hbf per S-Bahn bis Bachern und kurzem Fußweg 30, mit dem Auto ebenfalls 30 Minuten

Ludwig-Thoma-Straße 56, 85232 Bergkirchen-Unterbachern
Tel. 08131-72546, www.weissenbeck.de

Alexander Huber zaubert „Provinzküche“ vom Feinsten

Holzvertäfelungen und Böden erinnern an alte Zeiten

Huberwirt

in Pleiskirchen, Oberbayern

Seit unglaublichen 400 Jahren führen die Hubers in dem schönen Haus neben der Kirche eine Gastwirtschaft. Anfangs lief die Bewirtung der Gäste nebenher, im Mittelpunkt stand zunächst die Landwirtschaft.
Heute ist das anders: 2006 kehrte der weit gereiste Alexander Huber zurück in den Landkreis Altötting und führt seither das Haus zusammen mit Sandra Allertseder in der elften Generation. Hubers Eltern Josef und Johanna helfen immer noch jeden Tag tatkräftig mit. Wirtshausküche neu zu interpretieren ist Hubers Leidenschaft. Wer das Ergebnis ausgiebig testen möchte, wählt am besten das hochfeine Wirtshausmenü.

Der Küchenkünstler gibt regelmäßig Kochkurse. Außerdem organisieren die Wirtsleute Weinabende und Kabarettveranstaltungen mit bayerischen Künstlern.

Auf einen Blick

„Gasthof Huberwirt“: feinste bayerische Wirtshausküche (1 Michelin-Stern), Kochschule, spezielle Weinabende, verschiedene „Stüberl“ und Saal für Festlichkeiten, schöne Terrasse.

Hofmark 3, 84568 Pleiskirchen
Tel. 08635-201, www.huber-wirt.de

Auszeit im Tölzer Land: mit gutem Bier und ausgewählten Weinen

Bayern

Moarwirt

in Hechenberg, Oberbayern

Tipp:
Besuchen Sie einen Kochkurs im eindrucksvoll gestalteten Alpenloft unterm „Moarwirt"-Dach

Im kleinen Hechenberg bei Bad Tölz steht auf einem Hügel der „Moarwirt", rund 40 Kilometer von München entfernt. Schon seit dem 18. Jahrhundert steht er hier und hält, was seine Lage verspricht: Ruhe und einen fantastischen Alpenblick! Florian Lechner, Michael Günster und Sebastian Miller führen hier heute ein Bio-Landhotel, mit Erfolg veredeln sie die alpenländische Kost.

Die Zutaten vom Bio-Fleisch bis zum Gemüse beziehen die Wirte rund um München, den Spargel etwa von Familie Rehm aus Schrobenhausen, die auch fast vergessene Sorten kultiviert. Grünes kommt weitgehend aus Waakirchen, wo es nach Demeter-Richtlinien in Evas Paradiesgarten wächst. Ja, das Herz der Moarwirte schlägt auch für Vegetarier und Veganer. Reutberger Kloster-Biere und Weine aus allen Alpenländern machen die Auszeit im Tölzer Land perfekt.

Auf einen Blick

„Moarwirt": feine alpenländische Bio-Küche, behagliche Stuben, familienfreundliches Bio-Landhotel mit 18 Gästezimmern, Slowfood- und Naturland-zertifiziert, Kochkurse und Küchenpartys, auch ideal für Festlichkeiten.

Sonnenlängstraße 26, 83623 Hechenberg
Tel. 08027-1008, www.moarwirt.de

Im Winter geht's in die Stuben, im Sommer auch in den Biergarten

Klosterwirt Höglwörth

Anger-Höglwörth im Berchtesgadener Land

Im gesegneten Berchtesgadener Land, direkt an der Grenze zu Österreich, da steht ein 400 Jahre altes Haus, das allein schon wegen seiner urigen Stuben einen Ausflug wert ist. Doch seit die Wirtsleute Sabine und Karl Wenz 2011 hier heimisch wurden und ihre Gäste mit Hingabe bekochen, wird der Besuch beim Klosterwirt auch kulinarisch ein Erlebnis.

Jeden Tag macht Küchenmeister Wenz eine neue Karte. Gekocht wird, was die Zeit an guter Ware bietet. Gern kauft er bei den heimischen Landwirten ganze Tiere. So entstehen neben den Klassikern Leckereien wie „Schweinsbackerl“ und „Kalbslüngerl“. Wer es fleischlos liebt, bestellt die frisch gekochten Gemüsegerichte oder „Kaspressknödl“ nach österreichischem Rezept. Die leckeren Biere stammen von der Privatbrauerei Wieninger in Teisendorf, in deren Besitz sich dieser prächtige Gasthof befindet.

Auf einen Blick

„Klosterwirt Höglwörth“: feine bayerische Küche mit regionalen Produkten, Klosterstüberl, Schänke, denkmalgeschütztes Klostergewölbe, „Salett'l“ mit 150 Sitzplätzen, Biergarten, Badesee, nach Salzburg 10, nach Traunstein 25 Autominuten.

Höglwörther Straße 21, 83454 Anger-Höglwörth
Tel. 08656-255, www.klosterwirt-hoeglwoerth.de

Prächtiger Blumenschmuck ziert das original bayerische Anwesen

Wirt von Dred

in Großkarolinenfeld-Jarezöd, Oberbayern

Jarezöd – ob das in Ungarn liegt? Weit gefehlt, das Dorf zählt zur Gemeinde Großkarolinenfeld nicht weit von Rosenheim. Auch der Name des Gasthauses klingt apart: „Dred" ist eine Art Abkürzung von Jarezöd – benannt nach einem Hunnenherrscher, der hier einmal gelebt haben soll.

Der einladende Gasthof mit dem kurzen Namen und famosen Fernblick stand schon etliche Jahrhunderte, bevor er 1970 der Familie Weichselbaumer übertragen wurde. Seit 25 Jahren sind Katharina und Bernd Voigt-Weichselbaumer die Wirte vom „Dred". Nachwuchs ist da, die Nachfolge scheint gesichert. Die gute Regionalküche dürfen wir also auch in weiter Zukunft hier genießen. Feiern kann man im „Dred" im großen Saal, im „Müllnerstüberl" oder in der „Weinstube" – in die nach altem Brauch bei Hochzeiten die Braut entführt wird.

Auf einen Blick

„Wirt von Dred": gutbürgerliche Küche mit vielen Zutaten aus der Region, heimelige Stuben und Saal für 130 Gäste, kleine Hausbäckerei, feine hausgemachte Kuchen, lauschiger Biergarten und Kinderspielplatz.

Jarezöd 5, 83109 Großkarolinenfeld
Tel. 08061-2613, www.wirt-von-dred.com

Das „Weingast“: stattliches Gasthaus im Moorheilbad Bad Feilnbach

Tipp:
Ausflug mit der Zahnradbahn auf den 1838 Meter hohen Wendelstein

Weingast

Bad Feilnbach, Oberbayern

Am Fuß des Wendelsteins inmitten des bayerischen Alpenlands steht das weithin bekannte Gasthaus der Familie Weingast. Dass hier mit Vorliebe Fleischgerichte zubereitet werden, hängt mit der Familiengeschichte zusammen. 1932 hatte die damals 26-jährige Ursula Ellmaier das Wirtshaus von einer Brauerei gepachtet und später gekauft – und schließlich den Metzger Rupert Weingast geheiratet. Heute lenkt der Enkel und gelernte Koch Rupert mit seiner Frau Monika das Gasthaus, Bruder Christian führt die hauseigene Metzgerei. Von dort bezieht der Weingast-Wirt beste Ware und kocht daraus zünftige Gerichte wie Schlachtschüssel mit Leber- und Blutwurst oder Schweinshaxe mit Knödeln.

Je nach Saison dürfen wir uns auch auf Fisch- und Wildspezialitäten freuen. Dazu gibt's Biere der Brauereien Maxlrain, Hopf und Auerbräu sowie Schnaps direkt aus Bad Feilnbach.

Auf einen Blick

„Weingast": gute bayerische Küche, traditionsreiches Wirtshaus, beeindruckender Saal mit Weinstube, 13 Gästezimmer und vier Ferienwohnungen, schöner Biergarten mit Kinderspielplatz

Kematen 12, 83075 Bad Feilnbach
Tel. 08064-209, www.gasthaus-weingast.de

Das Gasthaus ist Mittelpunkt der 650-Seelen-Gemeinde Altenau

Altenauer Dorfwirt

in Saulgrub-Altenau

In dem idyllischen Ort zwischen Bad Kohlgrub und Oberammergau gründeten beherzte Einheimische vor 15 Jahren eine Genossenschaft, weil sie ihr Wirtshaus wieder zurückhaben wollten. Der „Dorfwirt" war 2003 geschlossen worden. Nach aufwendiger ehrenamtlicher Renovierung konnten die Genossen 2014 die rührigen Wirtsleute Florian und Izabella Spiegelberger gewinnen. Seither ist das Haus wieder Mittelpunkt des Dorfes und der Stammtisch jeden Tag voll. Radler, Wanderer und im Winter die Skifahrer lieben Schweinsbraten, Schnitzel oder die Regenbogenforellen vom örtlichen Fischereiverein, aber auch vegetarische Leckereien wie Rote-Bete-Knödel oder den klassischen Kaiserschmarren.

Einmal im Monat treffen sich hier Musikanten aus ganz Bayern zum großartigen Ohrenschmaus.

Auf einen Blick

„Altenauer Dorfwirt": leckere bayerische Küche, jeden ersten Donnerstag im Monat Musikantenstammtisch, Saal für Kabarettveranstaltungen und Feierlichkeiten, Gartenwirtschaft und sechs neue Gästezimmer

Obere Dorfstraße 19, 82442 Saulgrub-Altenau
Tel. 08845-2154300, www.altenauer-dorfwirt.de

2017 wurde das schmucke alte Gasthaus wiedereröffnet

Alte Post zu Pähl

in Pähl, Oberbayern

Den stattlichen Gasthof im idyllischen Pähl zwischen Ammersee im Westen und Starnberger See im Osten hat der Sänger und Künstler Peter Maffay gekauft und mit großem Aufwand saniert. Über 400 Jahre ist das Haus alt. Mit dem prächtigen Kachelofen, den holzvertäfelten Wänden, Holzböden und geschliffenen Möbeln sind die drei Stuben wie aus dem Bilderbuch.

Seit 2017 werkelt hier der Österreicher Alexander Sattlegger mit seiner Lebensgefährtin Andrea Fundjova. Die Dorfbewohner sind glücklich, dass so ein guter Koch das Gasthaus gepachtet hat. Schweinsbraten mit Knödeln, Schmorgerichte, Suppen und Kaiserschmarrn – die leckere bayerisch-österreichische Küche kommt bestens an. Zwei Säle im Obergeschoss bieten Platz für Feste und Veranstaltungen – etwa für die Landfrauen. Im Sommer lädt ein kleiner Biergarten zum kühlen Bier ein.

Auf einen Blick

„Alte Post zu Pähl“: gute bayerische Küche mit österreichischen Einflüssen, drei urgemütliche Stuben, Säle im Obergeschoss für Feste und Veranstaltungen, Biergarten

Ammerseestraße 3, 82396 Pähl
Tel. 08808-9246161, www.altepost-paehl.de

Urgemütlicher Genussort im Süden von München – die „Post“ in Berg

Tipp:
Dank der hohen Zahl an schönen Gästezimmern ideal für Familienfeste

Post Aufkirchen

in Berg am Starnberger See

In München gründeten 1817 die Fischer Georg Gröber und Johannes Lankes die heutige Augustiner-Brauerei. Deshalb ist es für den stolzen Nachfahren von Georg, den heutigen „Post"-Besitzer Andi Gröber, eine große Ehre, das „Familienbier" in seinem Landgasthof am Starnberger See auszuschenken. Das holzgetäfelte „Post-Stüberl zum Augustiner" erinnert äußerst angenehm an die große Tradition des Hauses.

Mit viel Mühe und Zeit hat der Hausherr das Gebäude vor ein paar Jahren entkernt und dann mit zahlreichen geretteten Materialien wieder aufgebaut. Pfannkuchensupperl, Fleischpflanzerl, Schweinsbraten – und ein fantastischer Blick in die Alpen machen den Landgasthof zu einem traumhaften Ausflugsziel. Im Biergarten und am kultigen, immer voll besetzten Stammtisch sitzen Einheimische und Besucher Seit an Seit.

Auf einen Blick

„Post Aufkirchen": feine bayerische Küche, aufwendig renovierter Gasthof mit herrlichem Garten und Alpenblick, immer voll besetzter Stammtisch, stilvolle Stuben und Säle für Festlichkeiten, 29 liebevoll eingerichtete Gästezimmer.

Marienplatz 2, 82335 Berg am Starnberger See
Tel. 08151-446120, www.post-aufkirchen.de

Der „Adler“: badische Gastlichkeit im Linzgau unweit des Bodensees

Adler

in Lippertsreute, Bodenseekreis

Ob am blanken Holztisch oder zu Festtagen an der weiß eingedeckten Tafel: Bei Vögeles fühlt man sich daheim. In der elften Generation betreibt die Familie den Bilderbuch-Gasthof. Lange gab es hier auch noch eine große Landwirtschaft.

Das spürt man! Mit Respekt verarbeitet Küchenchef Peter Vögele die Lebensmittel, die ihm die Landwirte aus der Gegend bringen – von Florian Guldes Lamm aus Salem-Buggensegel bis hin zu den „Stallhasen“ aus dem Ort. Wichtig ist dem Koch, Tiere traditionell ganz zu verwerten. Seine Stammgäste schwärmen entsprechend von so mancher fast vergessen geglaubter Delikatesse. In der eigenen Mühle mahlt Vögele Getreide für exzellente Grünkernküchle und Vollkornpfannkuchen. Das Herz der Wirtsleute schlägt für die Bodenseeweine, etwa vom Weingut Kress in Überlingen oder vom benachbarten Markgraf von Baden.

Auf einen Blick

„Adler“: feinste badische Landküche, urgemütliche Gaststuben, „Ahnenstüble“, Gartenwirtschaft, 18 Gästezimmer, Kochkurse und Weinproben auf Anfrage, zum Bodensee sind es 20, zum Schloss Salem fünf Autominuten.

Hauptstraße 44, 88662 Überlingen-Lippertsreute,
Tel. 07553-82550, www.adler-lippertsreute.de

In der 13. Generation sind Kugels hier Gastgeber

Adler

in Oberdorf am Bodensee

Dass es sich hier um einen Bilderbuch-Gasthof handelt, haben die Leute vom Süddeutschen Rundfunk bereits festgestellt, als sie im „Adler“ einst eine Fernsehserie drehten. Ja, drei Kilometer vom Bodensee-Ufer entfernt, möchte man für immer festhalten, was hier bei Birgit und Christoph Kugel passiert. Die Oberdorfer freuen sich jedes Jahr, wenn Segler und Wanderer von weit her wieder einkehren. Umgekehrt genießen es die Urlauber, Mitglieder von Kirchenchor und Feuerwehr am Stammtisch anzutreffen.

Sie alle lieben in dem 300 Jahre alten, behutsam erhaltenen Haus die vorzügliche Küche des Hausherrn, der eine authentische oberschwäbische Küche zelebriert: Zwiebelrostbraten, saure Kutteln, Maultaschen aus selbst gemachtem Teig, Krautkrapfen, Gemüse von Karl-Josef Brucker sowie das besondere Hähnchen. Dazu die herrlichen Seeweine – wie im Bilderbuch eben!

Auf einen Blick

„Adler“: feine oberschwäbische Küche mit Zutaten aus der Umgebung, urgemütliche Gaststube, blumengeschmückter Hof, 4 Gästezimmer, von Lindau 35, von Friedrichshafen 15 Autominuten

Adlerstraße 3, 88085 Langenargen-Oberdorf
Tel. 07543-2807, www.adler-oberdorf.de

Das „Lamm im Kau“ ist für viele wie ein zweites Zuhause

Tipp:
Eine Bootstour auf dem Bodensee. Bis nach Friedrichshafen sind es wenige Kilometer

Lamm im Kau

in Tettnang-Kau, Bodenseekreis

Der Graf von Montfort hat einst seine Untergebenen mit einem Waldstück belohnt. Die Bäume wurden herausgehauen und in diesem „Kau" steht nun das wunderbare Gasthaus. Reinhard Kiechles Familie betreibt das „Lamm" seit 100 Jahren. 1982 übernahm er die Leitung und verwöhnt seither seine Fangemeinde mit dieser so besonderen ländlichen Küche.

Wie gut, dass die Bodenseefischer Roland und Peter Stohr je nach Saison frischen Zander, Felchen oder Saiblinge vorbeibringen. Der Küchenchef zaubert daraus fantastische Fischgerichte. Möglichst Bio – das gilt auch bei Fleisch, Geflügel, Obst und Gemüse. Vieles kommt vom nahen „Pfingstweid"-Bioland-Hof, die Kartoffeln von Uli Weber aus Walchesreute. Die herzliche Wirtin Petra Kiechle und ihr Team servieren zu den Speisen ausgesuchte Seeweine oder ein erfrischendes Münchner „Augustiner".

Auf einen Blick

„Lamm im Kau": feine ländliche „Sonntagsküche" mit sehr vielen Bioprodukten, heimelige Stuben (insgesamt 100 Sitzplätze), Gartenwirtschaft

Sängerstraße 50, 88069 Tettnang-Kau
Tel. 07542-4734, www.lamm-im-kau.de

Willkommen! Hier gibt's Gutes für die ganze Familie

Selbstgemachtes wie Likör, Schnaps und Saft ist im Laden erhältlich

Tipp:
Führung durch die Schöre-Brauerei und anschließende Bierverkostung

Schöre

in Tettnang, Bodenseekreis

Im herrlichen Hinterland des Bodensees besuchen Naturliebhaber gern das Tettnanger Hopfenmuseum und wandern von dort zur sieben Kilometer entfernten „Schöre". Diesen Namen trägt Georg Benteles Gasthof seit dem 18. Jahrhundert. Damals lebten viele ungarische Landarbeiter in der Gegend – und gingen hier auch mal ein Bier trinken. Auf Ungarisch heißt Bier „Sör" – ausgesprochen „Schör". So kam das Haus wohl zu seinem Namen.

Den heutigen Gast erwarten besondere Biere, die seit 1997 auf dem Hof gebraut werden. Braumeister Robert Bentele, der Sohn des Wirts, verwendet Wasser aus eigener Quelle und Hopfen aus eigenem Anbau. Dazu serviert Familie Bentele schwäbische Speisen nach altbewährten Rezepten, frisch und hausgemacht. Das erstklassige Rindfleisch stammt von Ochsen aus eigener Aufzucht und Schlachtung. Die Tiere werden traditionell verwertet.

Auf einen Blick

„Schöre": leckere schwäbische Küche, urgemütliche Gastwirtschaft mit wunderschönem Biergarten, Hausbrauerei und -brennerei, Hofladen, Hofkapelle und Spielplatz.

Dietmannsweiler 2, 88069 Tettnang,
Tel. 07528-2317, www.brauerei-gasthof-schoere.de

Das „Posthorn“ ist Anlaufstelle für Genießer von nah und fern

Tipp:
Felsenstürmer-Tour mit Blick auf das idyllische Schlüchttal und weitere Wanderrouten

Posthorn

in Ühlingen im Südschwarzwald

Das stattliche, 1892 erbaute „Posthorn“ in Ühlingen ist seit 1936 in Besitz der Familie Frech und seither Anlaufstelle für Bevölkerung, Vereine und Feriengäste. In der dritten Generation führt nun der junge Küchenmeister Daniel Frech mit seiner Frau Carina den urgemütlichen Gasthof – mit großem Erfolg.

Nur 20 Autominuten sind es von der Schweizer Grenze bei Waldshut-Tiengen übers Schlüchttal hoch in den Schwarzwald. In der Stube mit dem wunderbaren Stammtisch, im Wintergarten und auf der Terrasse verwöhnen die Wirtsleute die Gäste mit feinen Spezialitäten. Beim benachbarten Breitwiesenhof kauft der Wirt Demeter-Gemüse und -Fleisch, welches er in seiner neugestalteten Profiküche behutsam verarbeitet. Heimische Fische kommen aus der Fischzucht Tress, beste Biere aus der nahen Waldhaus-Brauerei, die leckeren Weine hauptsächlich aus Baden.

Auf einen Blick

„Posthorn“, feine badische Küche, Gasthaus mit historischem Kachelofen, Wintergarten (auch geeignet für Festlichkeiten), Terrassenplätze direkt an der Schlücht, schön renovierte Gästezimmer im Schwarzwaldstil, hauseigene Brennerei.

Hauptstraße 12, 79777 Birkendorf-Ühlingen
Tel. 07743-244, www.posthorn-uehlingen.de

Das „Rössle“ ist dank der heute 180 Genossen wieder Dorfmittelpunkt

Das Rössle

in Todtnau-Geschwend, Hochschwarzwald

Auf einem Polterabend im Dorf beschlossen einige mutige Geschwender, das lange leer stehende Schwarzwaldhaus zu retten, und gründeten eine Genossenschaft. Nach dem Kauf des Gasthofs mit seiner typischen Schindelfassade renovierten die Genossen das Gebäude in vielen ehrenamtlichen Stunden sorgfältig. 2013 konnten sie das Prachtstück einweihen.

Fürs leibliche Wohl der Gäste stellten die neuen Besitzer den rührigen Koch Michael Spitz ein, der seither „gut badisch" köchelt: Leberle mit „Brägele" (Bratkartoffeln), „Ochsenfetzen", Wurstsalat, leckere vegetarische, vegane und glutenfreie Gerichte. Das Fleisch liefert der Bioland-Betrieb Karl-Heinz Zimmermann aus dem Ort, das Gemüse kommt aus dem Tal. Im Angebot sind des Weiteren Bier von der Waldhaus-Brauerei, heimische Weine und natürlich bestes Schwarzwälder Kirschwasser.

Auf einen Blick

„Das Rössle": leckere badische Küche, urgemütliches Schwarzwälder Dorfgasthaus, zwei Gaststuben und ein Saal, Gartenwirtschaft, sieben mit heimischem Holz neu gestaltete Gästezimmer, regelmäßig Kulturveranstaltungen, Drehort für „Die Fallers" (SWR)

Im Dürracker 3, 79674 Todtnau-Geschwend
Tel. 07671-9925446, www.dasroessle.de

Ohne Kitsch: der „Hirschen“ in Egerten nahe der Schweizer Grenze

Zum Hirschen

in Kandern-Egerten, Markgräflerland

Oben die Wipfel des Schwarzwalds, unten Obstwiesen, Reben und Felder – und mittendrin der „Hirschen“. Das Gasthaus liegt im Markgräflerland, Familie Geitlinger führt es in der zehnten Generation. Dem jungen Wirt Max stehen die Eltern Rita und Reinhard sowie Tante Cornelia und Onkel Friedrich zur Seite.

Das Herz ihrer Küche ist ein alter Holzfeuerherd, der besonders bei der Zubereitung von Fleisch geschätzt wird. Als Klassiker gilt das „Hirschen“-Menü mit köstlichem Salat, badischem Schäufele, Kalbsschnitzel und Eismeringe zum Dessert. Frisches Fleisch und Gemüse kaufen die Wirte wie eh und je bei „ihren“ Bauern, ziehen zudem Grünzeug im eigenen Garten. Max Geitlinger, ausgebildeter Winzer, bewirtschaftet auch zwei Hektar Reben in bio-dynamischer Weise und keltert seine eigenen Weine. Regionales also auf dem Teller und im Glas.

Auf einen Blick

„Zum Hirschen“: leckere badische Küche, behagliche Stube mit Kachelofen, wunderschöne Gartenwirtschaft unter einer alten Kastanie, Gemüsegarten, Wein aus eigener Kelterei, von Slow Food ausgezeichnet

Am Neuweg 2, 79400 Kandern-Egerten
Tel. 07626-388, www.hirschen-egerten.de

Von Pflanzenpracht umgeben: die schöne Terrasse vor dem Haus

Tipp:
Idealer Ausgangspunkt für Ausflüge rund um den Kaiserstuhl und in die Vogesen

Bürgerstube

in Sasbach am Kaiserstuhl

Der heutige Wirt Michael Sink erzählt gerne von der Geschichte des ehrwürdigen Kaiserstühler Gasthauses. Auch davon, dass am Anfang lediglich Getränke ausgeschenkt wurden, Vesper brachten die Gäste mit. Großmutter Irma begründete schließlich die große Küchentradition des Hauses. Heute führen Enkel Michael und seine Lebensgefährtin Katrin Lehmann die „Bürgerstube" in der vierten Generation.

Nur zehn Minuten sind es per Rad zum Rhein und zur deutsch-französischen Grenze. Deshalb kehren hier auch gerne Gäste aus dem Elsass ein. Obst, Gemüse und Eier beziehen die Sinks hauptsächlich aus dem Dorf, u. a. vom Obsthof Genter. Die feinen Weine kommen von der Sasbacher Winzergenossenschaft, bei der Sink und seine Schwester Dagmar Mitglied sind. Besten Himbeergeist liefert u. a. Schnapsbrenner Gerhard Staiblin.

Auf einen Blick

„Bürgerstube": feine badische Küche, gemütliches Gasthaus direkt an der deutsch-französischen Grenze, zur Kaffeezeit ausgezeichnetes Kuchenangebot, Gartenwirtschaft sowie elf Gästezimmer

Hauptstraße 48, 79361 Sasbach,
Tel. 07642-3367, www.buergerstube-sasbach.de

Das Gasthaus und auch der Holzboden sind über 250 Jahre alt

Goldener Adler

Oberried im Schwarzwald

Was für ein Familienbetrieb! Der gelernte Metzger Bernd Maier und sein Bruder Axel, u.a. IHK-geprüfter Sommelier, führen gemeinsam mit ihren Ehefrauen den stattlichen Gasthof. Wenn man deren Kinder noch dazuzählt, dann werkeln die Maiers hier in der fünften Generation.

Für die feine badische Küche kaufen die Wirte hauptsächlich in der Nachbarschaft ein. Wild gibt's aus der örtlichen Jagd. Das köstliche Eis liefert der Dietenbacher Rubauernhof, meistens auch das Brot. Mit großer Freude erteilt Axel Maier Weinseminare – mal für den Oberrieder Kirchenchor, mal für eine Runde Feriengäste. Obwohl er 95 Prozent des Umsatzes mit den guten Tropfen vom Kaiserstuhl und aus der Markgrafschaft macht, holt der Fachmann gerne auch mal ein Fläschchen aus fernen Landen aus dem Keller.

Auf einen Blick

„Goldener Adler": feine badische Küche, Schwarzwälder Gaststube mit urigem Ofen; Weinkeller und Scheune für Feierlichkeiten und Weinseminare; Gartenwirtschaft. Das Haus bietet zudem 15 Gästezimmer an.

Hauptstraße 58, 79254 Oberried,
Tel. 07661-62017, www.goldener-adler-oberried.de

Schwarzwaldidylle: die schöne „Linde“ im Münstertal

Einladende Stuben und stilvolle Gästezimmer

Linde

in Münstertal, Südschwarzwald

Seit Jahrhunderten stehen sie sich gegenüber: der Lindenbaum und das nach ihm benannte Gasthaus nahe des Klosters St. Trudpert. Erstmals dokumentiert 1642, wechselte die „Linde“ im Lauf der Zeit die Besitzer. 1977 vererbten Else und Max Siede das Haus ihrer Enkelin Birgit Brune. Sie ließ es behutsam restaurieren und gestaltete daraus ein Schmuckstück. Heute führen sie und ihre Söhne Marc und Jens das Haus.

Ihre Gäste lieben die gemütlichen Stuben. Im Winter lädt das Kaminzimmer mit offenem Feuer ein, im Sommer die Terrasse am rauschenden Neumagen. Dieser Schwarzwaldbach durchströmt ein Bassin voll springfrischer Forellen aus heimischer Zucht. In der Küche werden sie zur Delikatesse in allerlei Variationen, etwa Forellenfilets in der Kartoffelkruste. Dazu passt ein Gutedel, die Traditionsrebe aus dem nahen Markgräflerland.

Auf einen Blick

„Historisches Landgasthaus zur Linde“: hervorragende regionale Küche, hausgemachte Schwarzwälder Kirschtorte, drei gemütliche Gaststuben, elf Zimmer mit modernen Bädern, Sommerterrasse am Wildbach.

Krumlinden 13, 79244 Münstertal,
Tel. 07636-447, www.landgasthaus.de

Traumhafter Schwarzwald: der Gasthof „Spielweg“

Baden-Württemberg

Tipp:
Besuch der nahen Fauststadt Staufen oder eine Wanderung auf den Belchen

Spielweg

in Münstertal, Südschwarzwald

In der „Alten Stube“ mit Kachelofen und Herrgottswinkel spürt man, welch große Tradition Familie Fuchs über Generationen verantwortungsvoll weitergetragen hat: Bereits 1705 hat der Abt des Klosters St. Trudpert dem Spielweg-Wirt das Wirtschaftsrecht erteilt: „Das Haus soll Gemeindewirtshaus sein“, schrieb er einst.

Jetzt sind es zwei wunderbare Schwestern, die an das Lebenswerk ihrer Eltern anknüpfen: Viktoria kocht nach feinen badischen Familienrezepten und lässt bei so manchem Gericht gekonnt Asiatisches einfließen. „Eine wilde, regionale, saisonale Küche“ heißt ihr Ansatz – auch weil Vater Karl-Josef ein großer Jäger ist. Kristin umsorgt mit der Familie und vielen langjährigen Mitarbeitern die Gäste in den urigen Stuben, im Hotelbereich und im prächtigen Garten. Nahe der Markgräfler und Kaiserstühler Weinberge lagern im Keller beste Weine.

Auf einen Blick

„Spielweg“: feinste badische Regionalküche, teils mit asiatischen Einflüssen, urgemütliche Schwarzwälder Stuben, Gartenwirtschaft, Wellnessbereich, Käserei mit Hofladen, Wild-Kochkurse, Romantik-Hotel; von Freiburg 30 Autominuten.

Spielweg 61, 79244 Münstertal
Tel. 07636-7090, www.spielweg.com

Idyll: Nachmittags servieren Riesterers Kaffee und leckere Kuchen

Zähringer Hof

Münstertal im Südschwarzwald

Der „Zähringer Hof“ liegt auf einer Höhe von 1070 Metern. Wer hier einkehrt, der genießt mit Aussicht – und mit was für einer: Der Blick streift über Matten und Bergrücken, gleitet über das obere Rheintal hinüber nach Frankreich und landet auf den Gipfeln der Vogesen! Ein traumhaftes Horsd'œuvre, dem die folgenden Gänge in nichts nachstehen.

Christoph Riesterer, der den Gasthof 1985 von Vater Rudolf übernahm und mit seiner Frau Sabine führt, verwöhnt die Gäste mit Köstlichkeiten aus der badischen Küche. Flädlesuppe, geschnetzelte Rinderleber, lebendfrische Schwarzwaldforelle (mit Thymian und weiteren Kräutern perfekt gebraten) zeugen davon, dass er viel vom Handwerk versteht. Aus Überzeugung bezieht das Haus die Zutaten für seine Speisen von Bauern, Metzgern und Jägern der Region – und gute Tropfen von badischen Winzern.

Auf einen Blick

„Zähringer Hof“: feine badische Küche, behagliche Gaststube mit Kachelofen, Gartenwirtschaft, acht Zimmer, E-Bike- und Schneeschuhverleih. Am Haus führt ein herrlicher Höhenweg vorbei. Von Freiburg aus mit direktem Bus plus Spaziergang erreichbar.

Stohren 10, 79244 Münstertal
Tel. 07602-256, www.zaehringerhof.de

Das Haus nahe der badisch-elsässischen Grenze wurde 1859 erbaut

Tipp:
Besuch der Kirche St. Michael mit dem überregional bedeutenden spätgotischen Hochaltar

Kaiserstuhl

Niederrotweil im Kaiserstuhl

Unterhalb der Kirche St. Michael pflegt Lothar Koch seinen Muttergarten mit 40 verschiedenen Kräutern, Salat und Pastorenbirnen. Wer erleben will, wie der gelernte Koch und sein Team im Einklang mit der Natur köstliche Speisen zubereiten, fährt hierher. Im dem kleinen Gasthaus schenkten seine Eltern zunächst Bier und Wein aus, 1984 startete Koch mit der Kräuterküche.

Taubnessel, Vogelmiere, Löwenzahn oder Gänseblümchen, Weinbergkresse oder Rosmarin – Kochs Idee ist es, sie harmonisch und gesundheitsfördernd einzusetzen. „Geisli“ (junge Ziegen) und weitere Tiere kauft er beim Matthislehof in Ibental und anderen Schwarzwaldhöfen, Spargel, Erdbeeren, Kürbis – je nach Saison – bei den Sommers in der „Neumühle“. Das Elsass ist nah – aus den Vogesen kommt so manch feiner Käse. Die Weinkarte ist eine Reverenz an die Kaiserstühler Spitzenwinzer.

Auf einen Blick

„Kaiserstuhl“: feine Regionalküche, Gaststube mit 36, kleine Stube mit 16 Sitzplätzen, romantische Gartenwirtschaft, Kellergewölbe (u. a. für Weinproben), drei Gästezimmer, Hausbrennerei, herrliches Gebiet für Wanderer und Radler

Niederrotweil 4, 79235 Vogtsburg-Niederrotweil
Tel. 07662-237, www.gasthaus-zum-kaiserstuhl.de

Kleine Fässer und weiteres Winzerzubehör verschönern den Innenhof

Winzerhaus Rebstock

Oberbergen im Kaiserstuhl

Gegenüber seines bekannten Sterne-Restaurants „Schwarzer Adler“ hat Gastwirt und Winzer Fritz Keller vor einigen Jahren das Haus der Familie geschmackvoll renoviert. Mit seiner charmanten Frau Bettina lebt er hier die Idee des traditionellen Landgasthofs.

Die Nähe zum Elsass ist auch auf der Karte zu erkennen: feiner Kalbskopf mit Traubenkernöl-Vinaigrette, Weinbergschnecken, Cordon bleu und ganze „Mistkratzerle“ aus dem Ofen. Das gute Fleisch kommt u.a. aus den Metzgereien Dirr in Endingen und Feißt in Teningen. Im Angebot sind selbstverständlich auch die erstklassigen Tropfen aus dem Weingut „Franz Keller“, ebenso Schnäpse aus der Hausbrennerei. Neben den zwei Gaststuben bieten die Scheune und der überdachte Innenhof gemütliche Sitzplätze. Im benachbarten Bergkeller des Weinguts veranstalten die Kellers manchmal Konzerte und Lesungen.

Auf einen Blick

„Winzerhaus Rebstock“: feine badische Küche mit elsässischen Einflüssen, zwei Gaststuben, Scheune und Innenhof, acht Gästezimmer im nahen Gästehaus und sechs im „Schwarzen Adler“ gegenüber, VDP-Weingut, Hausbrennerei

Badbergstraße 22, 79235 Vogtsburg-Oberbergen,
Tel. 07662-93300, www.franz-keller.de

Der „Adler“ mit Kunst des Schwarzwaldkünstlers Stefan Strumbel

Schäcks Adler

in Oberprechtal im Schwarzwald

Kulinarische Tafelrunde – dieser Begriff könnte nach einem Abend bei Sandra und Christoph Schäck erfunden worden sein. Die alten, wohlerhaltenen Möbel in der Gastwirtschaft, auf den Tischen Blumen aus dem Bauerngarten, dunkles Holz an Decken und Wänden – dazu die Werke der Künstler Stefan Strumbel und Sebastian Wehrle! Die herzliche Begrüßung der Wirtin, aber auch ihr Gespür, Gäste zu platzieren – all dies zählt zu den Dingen, die einen Abend in Oberprechtal ausmachen.

Und das Essen erst: Mit Bedacht wählt Küchenmeister Schäck die Grundzutaten aus. Die Forellen aus Oberharmersbach, Fleisch von Markus Dirr aus Endingen und frische Ware aus den badischen Obst- und Gemüsegärten – aus Ursprünglichem bereitet der Könner große Gerichte mit Raffinesse. Mit ausgesuchten badischen Tropfen erleben wir eine Tafelrunde voller Frohsinn.

Auf einen Blick

„Schäcks Adler“: feinste badische Küche, urige Gaststube, Jägerstüble, „Strumbel“-Bar, Gästezimmer, von Emmendingen 20, von Offenburg 40 Autominuten

Waldkircher Straße 2, 79215 Elzach-Oberprechtal, Tel. 07682-1291, www.schaecks-adler.de

Blumen, frische Kräuter, Salat, Gemüse: Willkommen im Garten Eden

Tipp:
Auf die Hochwart klettern. Vom höchsten Punkt der Insel (438 m) sieht man in die Schweizer Alpen

Küferstüble

auf der Insel Reichenau, Bodensee

Es bieten sich viele Wege, auf die Insel zu kommen. Der Schönste ist der per Segelboot. Wer dann vom Liegeplatz am Untersee zum „Küferstüble" hoch spaziert, sollte sich bei Sonnenschein sofort einen Platz im bezaubernden Obstgarten sichern.

Seit 2014 sind Rolf und Dagmar Stader hier die Gastgeber. Der Name des Hauses ist dem Vater des Wirts zu verdanken, der ein ausgezeichneter Fassküfer war. Aus dem einstigen Weinausschank der Eltern hat der Junior nun eine exzellente Speiseadresse gemacht. Umgeben von Gemüsebeeten, Obstbäumen und Reben der Reichenau kann der Küchenmeister aus dem Vollen schöpfen. Felchen kommen direkt aus dem See, Saiblingsfilet aus nahen Zuchtbetrieben. Stader bezieht viele Bio-Produkte. Ausgeschenkt werden die aromenreichen Tropfen des Winzervereins Hagnau und weiterer badischer und württembergischer Erzeuger.

Auf einen Blick

„Küferstüble": feine regionale Küche, Gaststube mit 42 Plätzen, Obstgarten mit 30 Plätzen, 1 Ferienwohnung, eigene Obstbrände, von Konstanz 15 Autominuten, gut mit Bahn und Bus erreichbar, ideales Gebiet für Radfahrer

Spiegelberg 17, 78479 Reichenau
Tel. 07534-555, www.kueferstueble.de

Prachtvolles Gasthaus im Schwarzwaldort Hofstetten

Drei Schneeballen

Hofstetten im Kinzigtal

Drei Schneeballen? Gerne erzählen Barbara und Werner Neumaier, warum ihr Haus diesen Namen trägt: Einst diente es als Fürsten-Herberge. Drei schneebedeckte Berge – drei „Schneeballen“ – im Wappen der Fürstenbergs zeugen heute noch davon. 1493 wurde das Gasthaus gebaut und ist eines der ältesten Badens.

Der Musikverein am Stammtisch, Gäste von nah und fern – sie alle sind glücklich, sich hier zu treffen. Weil es gemütlich ist und schmeckt. Die Schwarzwaldforellen von Lieferanten der Umgebung sind besonders hervorzuheben. Traditionell zubereitet oder auch mal als Sushi-Gericht. Eier, Gemüse und Fleisch beziehen Neumaiers aus dem Kinzigtal oder unten vom Oberrhein. Kartoffelbauer Stefan Futterer bringt beste Ware aus Forchheim. Ausgeschenkt werden badische Weine und „Schwarzwälder Kirsch“, Biere von Ketterer in Hornberg und Kronen in Offenburg.

Auf einen Blick

„Drei Schneeballen“: feine Regionalküche, vier Stuben, überdachte Terrasse, besondere Angebote wie Fischwoche, 24 Gästezimmer, ideal für Festlichkeiten.

Hauptstraße 11, 77716 Hofstetten
Tel. 07832-2815, www.drei-schneeballen.de

Liebevoll gedeckte Tische laden zum Genießen ein

Tipp:
Die Ortenauer Weingüter und Winzergenossenschaften bieten feine Verkostungen an

Blume

in Offenburg-Rammersweier

Welches Renommee die Küche der „Blume“ genießt, hört man sonntags im leisen, fröhlichen Stimmengewirr der stets ausgebuchten Stube: Viele französische Gäste fahren über den Rhein, um Alfred Krammers köstliche Bouillabaisse zu genießen. Längst sind auch dessen badische Traditionsgerichte wie etwa der Rehrücken weit über den Weinort hinaus bekannt.

Vor über dreißig Jahren konnten er und seine Frau Christa das prachtvolle Fachwerkhaus erwerben. Seither zelebrieren sie hier badische Gastlichkeit vom Feinsten. Küchenchef Krammer wählt die Produkte dazu sorgfältig aus, holt beispielsweise besten Spargel bei Familie Wurth und Fleisch vom Hofgut Silva in Oberkirch. Das Haus ist auch ein Ort der größeren Tafelrunden: Geburtstage, Kommunionen und weitere Feste werden jahraus, jahrein hier gefeiert – natürlich mit feinen heimischen Weinen.

Auf einen Blick

„Blume“: feinste badische Küche, urgemütliche Gaststube, weiterer Raum mit 20 Sitzplätzen, große Terrasse, 6 Gästezimmer. Idealer Ausgangspunkt für Touren per Rad oder zu Fuß durch die Reblandschaften rund um Offenburg.

Weinstraße 160, 77654 Offenburg-Rammersweier
Tel. 0781-33666, www.gasthof-blume.de

In Schwemmles Weinkeller lagern edle Tropfen befreundeter Winzer

Tipp:
Wanderung auf dem Höhenweg in Rotensol entlang der badisch-schwäbischen Grenze

Lamm

in Bad Herrenalb-Rotensol, Nordschwarzwald

Wenn Karl Schwemmle etwas macht, dann macht er es richtig. Sieben schottische Hochlandrinder weiden derzeit im Garten des Gastwirts. Deren Betreuung ist Chefsache. Ständig ist er im Austausch mit den Landwirten der Region, den Metzgern, den Käseproduzenten – der verantwortungsvolle Umgang mit Tieren und Lebensmitteln ist für ihn Ehrensache.

Mit seinen Töchtern Ann-Kathrin, Anja und Lisa führt der Küchenmeister den prächtigen Gasthof im Nordschwarzwald in der vierten Generation. Auch seine vierte Tochter Kirstin ist in der Gastronomie tätig. Mit viel Herzblut bewahrt die Familie mit ihren meist langjährigen Mitarbeitern die große Tradition Schwarzwälder Gastlichkeit. Die Küchenmannschaft zaubert ideenreiche Gerichte, entsprechend der Jahreszeit und oft nach alten Familienrezepten. Der Weinkeller ist eine wahre Schatzkammer.

Auf einen Blick

„Lamm“, feinste Regionalküche, Schwarzwaldstube, Bauernstube und weitere Räumlichkeiten, ideal für Festlichkeiten, 30 Gästezimmer, von Karlsruhe mit der Albtalbahn und kleiner Wanderung oder in 30 Autominuten erreichbar

Mönchstraße 31, 76332 Bad Herrenalb-Rotensol
Tel. 07083-92440, www.lamm-rotensol.de

Behagliches Ambiente und feine Küche im Hohenloher Land

Tipp:
Das „Rössle" ist ein Jägerhaus. Je nach Saison gibt's köstliche Wildgerichte aus eigener Jagd.

Rössle

in Schwäbisch Hall-Veinau, Hohenlohe

Für Reisende zwischen Schwäbisch Hall und Crailsheim gab es einst eine wichtige Station, bei der man Pferde leihen konnte: das „Rössle" in Veinau, inmitten der Felder des Hohenloher Landes. Schon 1493 wurde das Gasthaus urkundlich erwähnt.

Wegen der Pferdestärken tritt man heute nicht durch die antike Eichentür; man kommt, um in der behaglichen Wirtschaft vorzüglich zu speisen. 2009 übernahm Ernst Kunz jr. das „Rössle" von seinen Eltern Ernst und Wilma Kunz und führt es nun mit seiner Partnerin Katrin Baur. Der Chef de Cuisine erkochte zuvor im Restaurant Adler im schweizerischen Fläsch sogar einen Michelin-Stern. Slow-Food-Mitglied Kunz legt großen Wert auf frische und regionale Produkte. Die liefern der hauseigene Hof, die Käserei Geifertshofen, die Bäuerliche Erzeugergemeinschaft und die Molkerei Hohenlohe. Man schmeckt's!

Auf einen Blick

„Rössle": feine regionale Küche,
historische Wirtschaft, Scheune für Veranstaltungen,
Sommergarten mit Grill, Jagdhütte für Kaminabende,
24 moderne Gästezimmer unter urigem Gebälk.

Zeilwiesen 5, 74523 Schwäbisch Hall-Veinau
Tel. 0791-2593, www.roessle-veinau.de

Genussvolle Heimatkunde im „Roten Ochsen“

Tipp:
Der Zwiebelrostbraten vom Hohenloher Weiderind schmeckt hier besonders gut

Roter Ochsen

Wackershofen, Hohenlohe

Theologie hatte Roland Gehr studiert, bevor sich sein Kindheitstraum erfüllte und er das Kochen lernte. Hierzulande und in den USA war er als angestellter Koch tätig; 2015 ließ er sich mit seiner Frau Christiane in Wackershofen nieder und beförderte den „Roten Ochsen“ zum „Roten Bio-Ochsen“.

Die frisch zubereiteten Gerichte bestechen durch den Geschmack regional angebauter Bio-Gemüse und -Salate. Nudeln, Kuchen und Brot fertigen Gehrs selbst; dafür liefert die Bioland-Erzeugergemeinschaft Hohenlohe Mehl und Korn. Leckerbissen wie Schafskäse und Schafsmilcheis gibt's in Demeter-Qualität von der Langenburger Schafkäserei. Auch das Auge schmaust mit: Der „Rote Ochsen“, 1715 ursprünglich andernorts erbaut, bildet gemeinsam mit Handwerkerhäusern, Bauernhöfen und Schulhaus das Herz des Hohenloher Freilandmuseums.

Auf einen Blick

„Roter Ochsen“: leckere Regionalküche, Bioland- und Slow-Food-zertifiziert, historische Gaststuben und Saal, Biergarten, im Freilandmuseum (wer „nur“ hier tafelt, muss keinen Eintritt zahlen). Von Schwäbisch Hall aus per Bahn direkt erreichbar.

Dorfstraße 51, 74523 Wackershofen,
Tel. 0791-9468886, www.roter-ochsen-wackershofen.de

Erholung für Körper und Seele: der „Hirsch“ in Loßburg

Tipp:
(E-)Bike-Tour oder Wanderung, etwa auf dem Flößerpfad zum nahen Kloster Alpirsbach

Hirsch

Loßburg-Rodt, Landkreis Freudenstadt

Auf der Hochebene des Nordschwarzwalds heißt Familie Rehfuß ihre Gäste willkommen. Und das hat Tradition: 1602 übernahm Jakob von Rechfouss den „Hirsch“ vom nahen Kloster Alpirsbach; der heutigen Wirtin wurden also 400 Jahre Gastlichkeit in die Wiege gelegt.

Evi Rehfuß’ Herz schlägt für den Gast, gesunde Ernährung, artgerechte Tierhaltung und Bewahrung der Kulturlandschaft. Deshalb bezieht sie fast alle Produkte aus der Region: Ziegenfleisch und -käse kommen vom Schwarzwald-Ziegenhof in Fürnsal, Lämmer bringt der Loßburger Schäfer Fehrenbacher, das Wild stammt aus heimischen Wäldern. Freundlich und charmant serviert das „Hirsch“-Team etwa ein feines Hirschragout – und die passende „Cuvée Hirsch – großes Geweih“ vom Winzer Christian Hirsch aus dem württembergischen Leingarten.

Auf einen Blick

„Hirsch“: feine Schwarzwaldküche mit vielen regionalen Produkten, rustikale Gaststube, 43 Gästezimmer, Wellnessbereich mit Saunalandschaft, Garten mit Brunnen unter alten Laubbäumen

Hauptstraße 5, 72290 Loßburg-Rodt
07446-95050, www.hirsch-lossburg.de

Gastlichkeit nahe des Nationalparks Schwarzwald

Forellenhof Buhlbach

Baiersbronn, Nordschwarzwald

Mitten im Baiersbronner Landschaftsschutzgebiet und nahe des Nationalparks Schwarzwald eröffnete Familie Bareiss Ende 2017 das schmucke Haus. Der Gasthof mit seiner über hundert Jahre alten historischen Fischzucht war lange zum Verkauf gestanden. 2015 entschied sich die Hoteliersfamilie, ihn zu erwerben.

Nach behutsamer Renovierung laden die engagierten Gastgeber nun in zwei gemütliche, mit ihren Original-Möbeln eingerichtete Stuben ein, die 80 Personen Platz bieten. Aus den Teichen direkt auf den Tisch kommen u. a. Lachsforellen und Saiblinge, die zu hundert Prozent aus dem völlig unbelasteten Leinenbächle gespeist werden.
Neben den in Perfektion zubereiteten Fischspezialitäten reichen die Wirtsleute ausgesuchte Schwarzwälder Speisen und eine Auswahl an leckeren Flammenkuchen.

Auf einen Blick

„Forellenhof Buhlbach“: Spezialitäten aus der hauseigenen Forellenzucht, Schwarzwälder Gerichte, Terrasse, nahe des Hotels "Bareiss", angebunden an den „Schwarzwälder Wanderhimmel“.

Schliffkopfstraße 64, 72270 Baiersbronn
Tel. 07442-470, www.bareiss.com

Oase der Ruhe und Erholung: das Hotel „Waldblick“ am Kniebis

Tipp:
Wer auf dem Westweg von Pforzheim bis Basel wandert, kann hier einen Stopp einlegen

Waldblick

in Freudenstadt-Kniebis, Nordschwarzwald

Wenn man rundum von Schwarzwald umgeben ist, dann bedeutet das Abschalten. Wer dies bei Finkbeiners tut, ist gut beraten. Nahe Freudenstadt, auf 900 Meter Höhe, verwöhnt das „Waldblick“-Team Urlauber und Ansässige.

Mit einer Jugendherberge inmitten von Tannen, Laubbäumen und Wasser fing alles an, jetzt sind Paul und Manuela Finkbeiner in der vierten Generation die Gastgeber in einem komfortablen Ferienhotel mit traditionellen Gaststuben und feinem Speiseangebot. Küchenchef Finkbeiner kennt die guten badischen Rezepte aus alten Zeiten, ist stets in Kontakt mit den Landwirten und Metzgern, die ihm die Ware liefern. Die Stammgäste mögen besonders das vorzügliche Wild, die frischen Gemüsegerichte und Salate. Nachmittags sollte man unbedingt die hausgemachten Kuchen und Torten testen.

Auf einen Blick

„Waldblick“: feine badische Küche, Auerhahnstube, Restaurant Eichelberg, Biergarten, 30 Gästezimmer, schöner Wellness-Bereich. Am Haus führt der Kniebiser Heimatpfad-Rundweg vorbei.

Eichelbachstraße 47, 72250 Freudenstadt-Kniebis
Tel. 07442-8340, www.waldblick-kniebis.de

Idyll: Durch den Wald und über Wiesen geht's zur „Mühle"

Zur Mühle

in Waldbrunn-Oberhöllgrund, Odenwald

Dort, wo Hessen, Bayern und Baden-Württemberg sich treffen, versteckt sich in einem malerischen Tal des Odenwalds die besondere Mühle der Holzners. Und wenn die Wirtsfamilie Getreide mahlt – für Brot und zum Füttern ihrer Tiere, dann dreht sich das Mühlrad wie eh und je. Das landwirtschaftliche Anwesen hatte Großvater Holzner 1936 vom Großherzogtum Baden gekauft. 1956 stellten Auguste und Philipp Holzner Tische und Stühle in ihr Wohnzimmer und verwandelten es in ein Gasthaus.

Seit 2004 führt Sohn Rainer Holzner die Wirtschaft und der Vater betreibt die alte Mühle – zur Freude der Gäste. Sie bekommen im Oberhöllgrund himmlische Ruhe samt Mühlengemurmel serviert – und dazu feines Hirschgulasch, Grünkernküchle, selbst hergestellte Köstlichkeiten wie Steinofenbrot, Butter, Handkäse (aus der Milch eigener Kühe), Räucherschinken und Apfelmost.

Auf einen Blick

„Mühle": bodenständige Küche mit vielen Delikatessen aus eigener Erzeugung, familiärer Gasthof mit Stube und Biergarten zwischen Wäldern, Streuobstwiesen und Weiden.

69429 Waldbrunn-Oberhöllgrund
Tel. 06274-356, www.landgasthaus-zurmuehle.de

Genussort: Neben der „Rose“ liegt die Vinothek des Weinguts Messmer

Ritterhof zur Rose

Burrweiler an der Südlichen Weinstraße

Die Winzerfamilie Messmer erwarb 2004 das besondere Anwesen aus dem 12. Jahrhundert und scheute keinen Aufwand, es wunderbar zu renovieren. Allein das wieder freigelegte Wandgemälde im Eingangsbereich ist ein Augenschmaus.

Mit Florian und Karin Winter haben die Besitzer ideale Gastgeber gefunden, die sich engagiert um alte Pfälzer Rezepte und gute Produkte aus der Gegend kümmern. Den Saumagen stellt Küchenchef Winter natürlich selbst her. Fleisch vom Wollschwein bezieht er vom Hof Ritzmann in Winnweiler, Gemüse von Landwirt Schwestermann im nahen Neustadt. Wer es fleischlos liebt, kann sich auf Graupen-Krautwickel oder Kartoffelmaultaschen freuen. Dazu passen die feinen Weine der Messmers. Es empfiehlt sich, auch die Schnäpse aus dem Elternhaus der Wirtin, der Brennerei Hans Gut im badischen Kaiserstuhl, zu testen.

Auf einen Blick

„Ritterhof zur Rose“: feine Küche mit Pfälzer Spezialitäten, stilvoll renovierte Gasträume im Erd- und Obergeschoss, Gartenwirtschaft, Aperitif oder Weinprobe in der Vinothek möglich, 30 Autominuten nach Karlsruhe.

Weinstraße 6a, 76835 Burrweiler
Tel. 06345-407328, www.ritterhofzurrose.de

Schweigen liegt in der Nähe von Wissembourg (Elsass)

Weinstube Jülg

in Schweigen-Rechtenbach, Pfalz

Ein altes Forsthaus, keine hundert Meter von der deutsch-französischen Grenze entfernt, ist seit 1961 Schauplatz bodenständiger Pfälzer Gastlichkeit. Fast wie in Jülgs privater Stube fühlt man sich hier. Im Sommer gibt es ausreichend Plätze im paradiesisch schönen Hof.

Seniorchefin Erika Jülg konzentriert sich in der Küche zur Freude der vielen Stammgäste auf wenige, dafür richtig gute Pfälzer Gerichte vom Handkäse bis zum Saumagen. Sogar die Würste stellt sie selbst her. Und es gehört zum Selbstverständnis, dass Grumbeeren (Kartoffeln), Fleisch und Brot aus der direkten Umgebung kommen. Karin Jülg kümmert sich um den Service. Ihr Ehemann ist der Winzer im Bunde und holt die guten durchgegorenen Weine aus dem Keller.

Auf einen Blick

„Weinstube Jülg“: bodenständige Pfälzer Küche, eigene Wurstherstellung, blumengeschmückter Hof mit Kopfsteinpflaster, eigenes Weingut (Weinproben jederzeit möglich)

Hauptstraße 1, 76889 Schweigen-Rechtenbach
Tel. 06342-919090, www.weingut-jülg.de

Historisches Gebälk im „Alten Rathaus“ von St. Martin

Altes Rathaus

Sankt Martin in der Südpfalz

Einst war es das Rathaus. Seit 1974 wird das schöne Haus inmitten des malerischen Winzerorts als Weinstube geführt. Die richtige Pfälzer Handschrift erhielt die Speisekarte durch den gebürtigen Bremer Sven Niederbremer, der mit Küchenchef Sebastian Schwörer hier seit 2017 bodenständige Pfälzer Kost wie „Fleeschknepp" und „Handkäse mit Musik" anbietet. Am beliebtesten ist der Pfälzer Teller mit Bratwurst, Saumagen und Leberknödel. Dazu servieren die Gastgeber gern eine Kostprobe von fünferlei Pfälzer Weinen, hauptsächlich von Winzern aus dem Ort. Und weil in der Gegend stets die wunderschöne Mandelblüte gefeiert wird, bäckt der Küchenchef auch vorzügliche Mandelkuchen.

Das Fleisch bezieht das Haus vom örtlichen Metzger Schreieck, Gemüse von Arnulf Weiller in Herxheim. Das Bier liefert die Brauerei Hoepfner aus dem 30 Autominuten entfernten Karlsruhe.

Auf einen Blick

„Altes Rathaus": bodenständige Pfälzer Küche, gemütliche Weinstube, idealer Stopp für E-Biker und Radler, nah zur Wanderregion Pfälzer Wald, Kochkurse, kleine Weinproben möglich

Tanzstraße 9, 67487 St. Martin
Tel. 06323-2404, www.altesrathaus-weinstube.de

Seit 1747 steht das Haus, 1987 wurde es zur Gastwirtschaft

Tipp:

Hier lässt es sich prima radeln und wandern. 20 Autominuten sind es zum Speyrer Dom

Dorfchronik

Maikammer in der Pfalz

Vor gut 30 Jahren legten die Schwaabs in ihrem bis dahin verpachteten Haus die Sandsteinmauern und Holzbalken frei. Als alles perfekt war, fehlte nur noch ein neuer Wirtshausname. Der damalige Bürgermeister brachte wertvolle historische Schwarz-Weiß-Fotografien zur Dekoration vorbei – und damit war der Name geboren.

In der „Dorfchronik" wird seitdem die Pfalz bekocht. Doch nicht nur Klassiker werden angeboten. So geht es etwa auch „mit Pfälzer Spargel auf Weltreise", wenn die edlen Stangen unweit des Orts gestochen werden. Da servieren die Köche schon mal marokkanisches Couscous dazu. Während Gastgeberin Marion Schwaab sich perfekt um die Gäste kümmert, ist ihr Mann Stefan für das eigene Weingut verantwortlich. Seine Weine sind im Gasthaus der Renner, ebenso seine Schnäpse.

Auf einen Blick

„Dorfchronik": feine Pfälzer Küche, oft neu interpretiert, mit regionalen Produkten, urige Wirtschaft, Hofterrasse mit 50 Plätzen, Hausbrennerei und Familienweingut (Einkauf auch abends im Gasthaus möglich)

Marktstraße 7, 67487 Maikammer
Tel. 06321-58240, www.restaurant-dorfchronik.de

Anmutige Gastlichkeit zwischen Landau und Speyer

Zeiskamer Mühle

Zeiskam in der Südpfalz

Die Mühle steht seit 750 Jahren am idyllischen Ufer der Queich, welche im Pfälzerwald entspringt und in den Rhein mündet. Familie Küspert betreibt ihr Kleinod mit großer Leidenschaft – doch ganz anders als der Ur-Urgroßvater, der die „Zeiskamer Mühle“ 1908 erworben und hier Getreide gemahlen hatte.

In den 60er Jahren wurde von Mahl- auf Gastbetrieb umgestellt, den Ingrid und Ernst Küspert zu einem schmucken Landgasthof erweiterten. Sohn Maik führt das Hotel. Sein Bruder Timo, der in besten Häusern Erfahrung sammelte, wirbelt nun am heimischen Herd. Er und sein Team bevorzugen Gemüse, Wild und viele weitere Produkte aus der Umgebung – und servieren kulinarische Traditionen wie Rindsrouladen, Pfälzer Saumagen, Sauerbraten mit Grumbeerstampes (Kartoffelbrei). Die Kräuter für ihre Gerichte wachsen vor der Tür: im wunderschönen Bauerngarten.

Auf einen Blick

„Zeiskamer Mühle“: feine Küche mit vielen Pfälzer Spezialitäten, Mühlenstube mit originaler Eingangstür und uraltem Kachelofen, herrliche Terrasse, 52 komfortable Gästezimmer, nahe zum Hambacher Schloss und zum Kaiserdom zu Speyer.

Zeiskamer Mühle, 67378 Zeiskam,
Tel. 06347-97400, www.zeiskamermuehle.de

Dielenboden und Kopfsteinpflaster zeugen von den Ursprüngen

Weinhaus Henninger

in Kallstadt, Pfalz

Weit über die Pfalz hinaus berühmt wurde das Haus durch die legendäre Wirtin Luise Henninger, die den Saumagen mit ihrer Kochkunst in den 1920er Jahren zur Pfälzer Delikatesse machte. Doch die Geschichte geht weiter zurück: Bereits 1615 errichtete die Winzerfamilie das prächtige Anwesen, 1855 eröffnete sie darin eine Gaststube und begann ihren Wein auszuschenken.

Diese großen Traditionen bewahren der heutige Besitzer Jochen Lampert und seine Mannschaft mit großem Engagement. Nach Luises Rezepten kocht Tommy Walter erstklassige Pfälzer Küche – etwa mit dem guten Fleisch von Metzger Noll aus Hertlingshausen. In den 2012 fantastisch sanierten Stuben schmecken dazu besonders die neuen „Henninger"-Weine – gemeinsam kreiert mit der Winzergenossenschaft Kallstadt, den Winzern Markus Schneider, Friedrich Becker und Heinrich Spindler.

Auf einen Blick

„Weinhaus Henninger": feine Pfälzer Küche, Weinstube „Luise" und weitere gemütliche Räumlichkeiten, im Barriquegewölbe regelmäßig Kulturveranstaltungen, Hofgarten mit vielen Pflanzen, Gästezimmer im dazugehörigen stilvollen Landhotel.

Weinstraße 93, 67169 Kallstadt
Tel. 06322-2277, www.weinhaus-henninger.de

Pfälzer Genuss-Oase, 20 Autominuten von Ludwigshafen entfernt

Hofgut Ruppertsberg

in Ruppertsberg, Mittelhaardt

Die großen Buchstaben auf dem landwirtschaftlichen Anwesen aus dem 17. Jahrhundert weisen auf den Besitzer hin. Das Weingut Dr. Bürklin-Wolf hat die alte Schmiede, den Getreidespeicher und die Stallungen vor gut zehn Jahren einfühlsam und mit großem Aufwand in einladende Gasträume verwandelt.

Pächter Jean-Philippe Aiguier, ein weitgereister Koch mit französischen Wurzeln, kennt die Lieferanten der Bio-Lebensmittel persönlich und serviert mit seinem freundlichen Team regionale Küche, auch mit Einflüssen seiner zweiten Heimat.
Pochierter Altrheinwaller mit Püree von jungen Brennnesseln, gebratene Leber vom Bärenbrunner Rind mit Hagebuttenmark – bereits das Lesen der Karte macht Freude. Ausgeschenkt werden die feinen Tropfen des Weinguts Dr. Bürklin-Wolf, das im nahen Wachenheim liegt, ebenso Rotweine befreundeter Winzer.

Auf einen Blick

„Hofgut Ruppertsberg“: feine Bio-Küche, stilvoll eingerichtete Gasträume mit herrlicher Aussicht auf die Haardt, ideal auch für Hochzeiten und andere Feste, Hofladen, im Sommer Sonnenplätze im Innenhof mit altem Kopfsteinpflaster, Bioland-zertifiziert

Obergasse 2, 67152 Ruppertsberg,
Tel. 06326-982097, www.dashofgut.com

Am historischen Marktplatz treffen sich viele Radler und Wanderer

St. Urban

in Deidesheim, Mittelhaardt

Das Landrestaurant „St. Urban“ im schmucken „Deidesheimer Hof“ ist dank Helmut Kohl sicher eine der bekanntesten Gaststuben Deutschlands. Hier neben dem grünen Kachelofen empfing der frühere Bundeskanzler die Regierungschefs aus aller Welt zu Pfälzer Saumagen, Bratwurst und Leberknödel.

Familie Hahn erwarb das Haus im Jahr 1971. Im „St. Urban“ zeigt Küchenchef Vladimir Holik mit seinen wohlschmeckenden Speisen, dass es in der Pfalz noch mehr als Saumagen gibt. In engem Austausch ist er dabei mit seinen Lieferanten, etwa der Metzgerei Hambel in Wachenheim. Von weit her kommen die Gäste wegen des Sauerteigbrots der Neustadter Bäckerei Liebenstein und des hausgemachten Käsekuchens. Angeboten werden die guten Pfälzer Weine u. a. vom Winzerverein Deidesheim. Gartenhaus und Gewölbekeller bieten sich an für Feste.

Auf einen Blick

„St. Urban“: feine Pfälzer Küche, gediegene Stuben, ebenfalls im Haus das Gourmetrestaurant „Schwarzer Hahn“, komfortable Gästezimmer, Sitzplätze am Marktplatz, Themenabende, Kochkurse, Verkauf von Spezialitäten zum Mitnehmen.

Am Marktplatz, 67146 Deidesheim
Tel. 06326-96870, www.deidesheimerhof.de

Das Haus im grünen Isenachtal wurde 1781 gebaut

Tipp:
Ein Besuch der Ruine der ehemaligen Benediktinerabtei Kloster Limburg

7 Raben

in Bad Dürkheim, Pfalz

Lilo Glauners Großmüttern haben wir zu verdanken, dass es hier so gut schmeckt. Beide waren gelernte Köchinnen und haben der Enkeltochter gutes Handwerk und wunderbare Rezepte mit auf den Weg gegeben.

Diese betreibt nun seit über 20 Jahren gemeinsam mit Andrea Siegel den reizvoll im Pfälzer Wald gelegenen Gasthof, der einst die Sommerresidenz der Fürsten zu Leiningen war. Die „Weiberwirtschaft“ bringt Naturschutz und gute Küche sympathisch zusammen. Als Partnerbetrieb des Biosphärenreservats Pfälzerwald-Nordvogesen bezieht das Haus dort Bio-Lamm, beim Hofgut Ritzmann in Winnweiler Donnersberger Wollschweine und Glanrinder. Spargel und all die vielen weiteren Gemüse, Sommersalate, Erdbeeren und Kirschen wachsen zur Freude von Chefköchin Glauner im Garten Eden rund um Bad Dürkheim.

Auf einen Blick

„7 Raben“: leckere Regionalküche mit vielen Bio-Produkten, gemütliche Gaststube, „Kleines Zimmer“, Gartenwirtschaft und Wintergarten, drei Doppelzimmer, von der Ortsmitte Bad Dürkheim 15 Autominuten. Am Haus führt ein Radweg vorbei.

Jägertal 8, 67098 Bad Dürkheim
Tel. 06329-1724, www.sieben-raben.de

Besonderer Genussort zwischen Saarbrücken und Trier

Landgasthof Paulus

in Nonnweiler-Sitzerath

Was für ein Genuss-Kosmos! In Thomas Nickels' Elternhaus begannen er und seine Frau Sigrune Essenpreis vor über 20 Jahren alle Convenience-Produkte zu verbannen, sogenannte „Wirtschafts-Gärten“ anzulegen und alles von der Johannisbeere bis zum Salat selbst anzubauen. Fisch und Fleisch kommen von Lieferanten aus der Umgebung, etwa von der Fischzucht Borger aus Wadrill oder von Familie Reichert in Reinsfeld.

In den einzelnen Räumen hat die Gastgeberin ursprüngliche Möbel mit einigen modernen kombiniert. Die Gäste kommen von weit her, um hier eine geschmackvolle Auszeit zu nehmen. Alle Gerichte auf der Karte können auch mit nach Hause genommen werden. Im schönen Laden werden feinste Öle, Essige und Spitzenweine angeboten. Die Gastgeber sind große Weinkenner. Sigrune Essenpreis bietet verschiedene Seminare an.

Auf einen Blick

„Landgasthof Paulus“: feine Regionalküche, freundliche Gaststuben, „Wirtschafts-Gärten“ mit Obst- und Gemüseanbau, Gartenwirtschaft, großer Weinkeller, Laden, Seminare und regelmäßig Kulturveranstaltungen.

Prälat-Faber-Straße 2–4, 66620 Nonnweiler-Sitzerath
Tel. 06873-91011, www.landgasthof-paulus.de

Einen Katzensprung entfernt vom Elsass: „Kloster Hornbach“

Duftende Kräuter für die Speisen zupfen die Köche im Klostergarten

Klosterschänke

in Hornbach, Pfalz

An diesem historischen Ort in der südwestlichsten Ecke der Pfalz ist alles auch ein bisschen Frankreich. In Kürze: Die Abtei, 742 vom Benediktinermönch Pirminius gegründet, wurde in der Reformationszeit aufgelöst. Die Zeit hinterließ Spuren, die Gebäude zerfielen. In den 1990er Jahren wurden sie aufwendig restauriert – und voilà: Im Jahr 2000 eröffneten Christiane und Edelbert Lösch ihr so besonderes „Kloster Hornbach". Ein Teil davon ist die urige „Klosterschänke" mit massiven holzvertäfelten Mauern und Balken unter der Decke.

Für regionale Küche sorgt hier das Team um Martin Opitz. Frisches Gemüse und Früchte wie Erdbeeren, Himbeeren und Feigen bezieht es aus der Vorderpfalz, Ziegenkäse vom nahen Stausteinerhof. Zu den Klassikern zählt neben Pfälzer Spezialitäten eine feine Bouillabaisse – kein Wunder, so nahe zu Frankreich!

Auf einen Blick

„Klosterschänke": leckere Küche, pfälzische Gaststube mit Biergarten umgeben von Klostermauern, Hotel „Kloster Hornbach" mit 33 stilvollen Gästezimmern, Wellnessbereich sowie Gourmet-Restaurant; historische Gewölbe und Kreuzgang.

Im Klosterbezirk, 66500 Hornbach
Tel. 06338-910100, www.kloster-hornbach.de

Der Hof nordwestlich von Frankfurt ist auch per Bahn gut zu erreichen

Tipp:
Verkostung im romantischen Apfelweinkeller und Führung durchs historische Anwesen

Hof Gimbach

Kelkheim im Taunus

Zur Wallfahrtskapelle nach Gimbach kamen Gläubige schon im Mittelalter. 1731 erhielt der nächste Hof das Recht, Pilgern Wein auszuschenken. Die Kapelle steht heute nicht mehr, aber zum „Hof Gimbach" pilgern Genießer, um je nach Saison am warmen Ofen oder unter Kastanien zu sitzen.

Margret Schiela, die Gast- und Landwirtschaft in der dritten Generation führt, serviert Handkäs' mit Musik und Bauernbrot (vom Bäcker Wittekind in Fischbach), Tafelspitz und „Grie Soß" – traditionell aus sieben grünen Kräutern zubereitet. Dazu schenkt sie Apfelwein aus, der im Holzfass reifte. Von den Äpfeln der eigenen Obstbäume macht die Wirtin zudem köstliche Säfte, Apfelkuchen und -torten. Wer dieses Schlaraffenland nicht verlassen will, schlägt hier einfach sein Zelt auf – zu „Hof Gimbach" gehört nämlich ein kleiner Campingplatz.

Auf einen Blick

„Hof Gimbach": leckere regionale Küche, gemütliche Stuben mit Kachelofen, Gartenwirtschaft unter Kastanien, Produkte aus eigenem Anbau, Hofladen, Spielplatz, Tiergehege und Campingplatz. Gäste können am Bahnhof Kelkheim abgeholt werden.

Gimbacher Weg, 65779 Kelkheim
Tel. 06195-3241, www.hof-gimbach.de

Das traumhafte Fachwerk-Anwesen wurde 1681 errichtet

Weinhaus Engel

in Kiedrich, Rheingau

Im denkmalgeschützten Haus der Großeltern startete der charmante Wirbelwind Theresa Prinz 2013 mit gerade einmal 22 Jahren als Gastronomin. Obwohl viele sie warnten, wollte sie ihre Leidenschaft für Gastlichkeit und gutes Essen zum Beruf machen.

Mittlerweile fahren die Stammgäste wöchentlich von Wiesbaden hierher in den malerischen Ortskern von Kiedrich, um sich eine genussvolle Auszeit zu gönnen. Einer aus dem fleißigen „Engel"-Team hat am Erfolg sicher besonderen Anteil: der italienische Koch Saverio D'Aria, der je nach Saison aus selbst gemachtem Nudelteig fantastische Pastagerichte kombiniert. Aber es sind auch seine frisch zubereiteten Fisch- und Fleischgerichte, für die man gerne wiederkommt. Wirtin Theresas Familie betreibt wenige Meter entfernt das Weingut Prinz. Dessen frischen Rieslinge und kräftige Rote vervollständigen das Angebot.

Auf einen Blick

„Weinhaus Engel": leckere ländliche Küche, Gastraum mit 40 Sitzplätzen, Terrasse direkt am Marktplatz, gegenüber der katholischen Kirche, von Wiesbaden 20 Autominuten

Marktstraße 29, 65399 Kiedrich im Rheingau
Tel. 06123-9348896, www.weinhausengel-kiedrich.de

Die "Adlerwirtschaft" in Hattenheim, westlich von Wiesbaden

Passend zu den Speisen stehen feine heimische Tropfen bereit

Adlerwirtschaft

in Hattenheim, Rheingau

Vor einem Vierteljahrhundert begann der Kaiserstühler Franz Keller in dem schönen Rheingauer Fachwerkhaus eine Küche zu zelebrieren, die damals eher selten war: Konsequent verarbeitete er ausschließlich naturnah gewachsene, hochwertige Lebensmittel zu puristischen, äußerst geschmackvollen Gerichten. Das Fleisch kaufte Keller bei befreundeten Metzgern, teils sogar in Frankreich. Seit 2008 zieht er die Rinder, Schweine und Kaninchen artgerecht im hauseigenen Falkenhof im Taunus.

In der "Adlerwirtschaft" kocht jetzt Franz Junior, der seine Lehre bei Großvater Franz im badischen Oberbergen absolvierte. "Vom Einfachen das Beste" möchte er bieten. Jedes Teil eines Tiers setzt er in Szene. Einen großen Teil des Bedarfs kann mittlerweile der Hof des Vaters decken. Von dort kommt auch Gutes für vegetarische Speisen, etwa Eier für die süßen Köstlichkeiten.

Auf einen Blick

„Adlerwirtschaft": feinste Regionalküche, geschmackvoll eingerichtete urige Wirtschaft, Garten, 5 Gästezimmer, 30 Autominuten von Wiesbaden, inmitten des Weinanbaugebiets Rheingau. Der Falkenhof liegt im 20 km entfernten Wispertal im Taunus.

Hauptstraße 31, 65347 Hattenheim
Tel. 06723 - 7982, www.franzkeller.de

Im Grünen: das historische Landhaus der Familie Sinz

Weinhaus Sinz

Wiesbaden-Frauenstein

Drei Generationen sorgen im „Weinhaus Sinz“ für das Wohl der Gäste: Hermann und Lore Sinz, die hier 1969 ihr Weinhaus eröffneten; ihr Sohn, der Küchenmeister Klaus Sinz, der seit 30 Jahren mit Ehefrau Katharina den Betrieb führt. Auch der Enkel Niklas ist Koch und hilft mit. Daheim ist die Wirtsfamilie im idyllischen Frauenstein, dem westlichsten Teil Wiesbadens – umgeben von Rheingauer Weinbergen.

Carpaccio von Winzerschinken und Wildsalami, Rheingauer Bärlauchsüppchen mit Wisper-Lachsforelle, Spinatknödel mit Riesling-Käse-Soße – die Karte weckt Appetit. Klaus Sinz bereitet Wild aus dem heimischen Wald zu, Geflügel von Nachbarshöfen, Fisch aus eigenen Teichen. Und wie der Hausname es verheißt, lagern im Keller erlesene Weine – von Frauensteiner Winzern und renommierten Kollegen aus den Rheingauer Nachbarorten.

Auf einen Blick

„Weinhaus Sinz": feine Küche mit vielen regionalen Produkten, Weinschänke, Wappenzimmer und weitere behagliche Stuben, charmante Sonnenterrasse, 17 moderne Gästezimmer, mit dem Auto 15, mit dem Stadtbus 15 Minuten zur Innenstadt.

Herrnbergstraße 17-19, 65201 Wiesbaden-Frauenstein
Tel. 0611-942890, www.weinhaus-sinz.de

Der Gasthof liegt in Pünderich zwischen Zell und Traben-Trarbach

Tipp:
Von hier aus lässt es sich prima radeln. Der Moselradweg ist insgesamt 239 Kilometer lang

Marienburg

in Pünderich an der Mittelmosel

Zwei Minuten zur Mosel, ein fantastischer Blick auf das frühere Kloster Marienburg und eine wunderbare Ruhe – allein dafür lohnt sich der Besuch des frisch herausgeputzten Gasthauses. Auch dank der engagierten Töchter Stefanie und Maria hat es Familie Burch 2016 angepackt: Das historische Gebäude von 1800 wurde entkernt und liebevoll ausgebaut. Die hellen Räume gefallen seither Einheimischen und Feriengästen.

Gastgeber Rudi Burch verfeinert gerne alte Familienrezepte: Schweinebäckchen, in Moselwein eingelegt, „Gräwes“ oder Blutwurst – die Zutaten kommen u. a. von den Metzgereien Schneider aus Büchel und Scheid im Hunsrück. Ein Renner ist der Ziegenkäse vom Vulkanhof in Gillenfeld in der Eifel. Besondere Freude hat der Küchenchef an der Entwicklung feiner vegetarischer und veganer Gerichte, mit Gemüsen von befreundeten Bauern.

Auf einen Blick

„Zur Marienburg“: leckere regionale Küche, feine vegane und vegetarische Gerichte, moderne Gaststuben in entkerntem historischem Gebäude, besondere Angebote wie Oster-Lunch etc., eigenes Weingut in der Familie, Hotel mit 25 modernen Zimmern

Hauptstraße 32, 56862 Pünderich
Tel. 06542-181440, www.hotel-zur-marienburg.de

Fürs große Mahl wird in Höreths Mühle alles liebevoll vorbereitet

Alte Mühle Höreth

in Kobern-Gondorf, Mosel

Eine Stunde benötigen zwei der Mitarbeiter, um abends die 188 Kerzen anzuzünden. Mit ihrer einmaligen Atmosphäre gilt die verwinkelte Mühle aus dem elften Jahrhundert als ideale Kulisse fürs romantische Diner zu zweit oder besondere Familienfeste.

Ende der 1970-er-Jahre entdeckte Thomas Höreth das sagenumwobene Anwesen und konnte es später erwerben. Anfangs bewirtete er seine Gäste mit Wein und Butterbrot unter freiem Himmel. Erst als er die ersten Teile des Ensembles mit riesigem Aufwand renoviert hatte, konnten er den Gasthof eröffnen. Heute finden 250 Gäste Platz. Küchenchef Dietmar Busch bekocht sie aufs Feinste - etwa mit frischen Felchen vom nahen Laacher See oder mit butterzartem Wildschwein aus der heimischen Jagd. Gudrun Höreth, Sohn Oliver und die reizenden Mitarbeiter servieren dazu die guten Tropfen aus dem eigenen Weingut.

Auf einen Blick

„Alte Mühle Höreth": feine Küche mit regionalen Zutaten, "Weinmuseum", Schänke, Winzerhäuschen und weitere Räumlichkeiten, Hof und Garten, 15 Zimmer, eigenes Weingut, von Koblenz 20, von Köln 60 Autominuten

Mühlental 17, 56330 Kobern-Gondorf
Tel. 02607 - 6474, www.thomashoereth.de

Direkt am alten Wehrturm gibt's 80 wunderbare Terrassenplätze

Löffels Landhaus

in Münstermaifeld in der Eifel

Die Burg Eltz, die nahe Mosel und das mittelalterlich geprägte Stadtbild Münstermaifelds sind allein eine Reise wert. Von Küchenmeister Günter Löffel in dem schönen Gasthaus direkt an der Stadtmauer bekocht zu werden macht die Tour vollkommen. In dem 1833 erbauten Haus wurde zunächst Landwirtschaft betrieben. Bis 2002 hat es ein Marionettentheater beherbergt.

In Löffels Küche sind die Kartoffeln von Bauer Ackermann das wichtigste Produkt: Im Strudel, in der Suppe und beim selbst kreierten Landhausschnitzel spielen sie die tragende Rolle. Das Fleisch kommt von der Metzgerei Müller in Gerolstein-Müllenborn. In der Spargelzeit liefert Bauer Heinrich aus Naunheim. Im Gewölbekeller finden auch Kulturveranstaltungen statt. Integriert ist stets ein passendes Menü. Auf der Weinkarte findet man gute Tropfen u.a. von Mosel, Ahr und Löffels Heimat Baden.

Auf einen Blick

„Löffels Landhaus": feine Küche, u.a. besondere Kartoffelgerichte, Kultur im Gewölbekeller, Bauerngarten direkt beim Wehrturm, Fahrten an die Mosel mit Weinprobe und anschließendem Abendessen im Haus.

Obertorstraße 42, 56294 Münstermaifeld
Tel. 02605-953773, www.loeffelslandhaus.de

Essen wie bei der Hunsrücker Oma im Gasthof „Altes Stadttor“

Altes Stadttor

in Kastellaun, Hunsrück

Die „Gefellte Kließ" (gefüllte Knödel), der handgeschöpfte „Flammkäs" vom Bornwiesenhof, ja sogar die Ziegelsteine im Gemäuer – hier ist alles echt Hunsrück. Im 1895 erbauten Haus, in dessen Kern sich sogar noch Reste der mittelalterlichen Stadtmauer befinden, lernt man die Gerichte der Region kennen und erlebt herzliche Gastfreundschaft.

Die Wirte im „Alten Stadttor" heißen seit 2011 Gregor Aldag und Guido Brachtendorf. In der guten Stube und im Gewölbekeller servieren sie abgestimmt auf die Jahreszeit eine regionale Küche. Das Fleisch von Metzger Schweitzer in Emmelshausen, die Eier vom Lindenhof in Laufersweiler, Gemüse, Obst – das meiste stammt aus der Gegend. Der Saft aus heimischen Äpfeln und die feinen Tropfen aus den umliegenden Flusstälern der Mosel, der Nahe und des Rheins ergänzen das Angebot.

Auf einen Blick

„Altes Stadttor": leckere regionale Küche, gemütliche Gaststube, Gewölbekeller, Biergarten, 10 Gästezimmer, von hier aus regelmäßiger Nachtwächterrundgang durch den historischen Stadtkern

Marktstraße 4a, 56288 Kastellaun
Tel. 06762-93130, www.altesstadttor.de

Raus in die Natur: Der Hof liegt am Fuße des Westerwalds

Rheinland-Pfalz

Tipp:
Von Koblenz per Schiff anreisen. Vom Stopp Vallendar bis hierher sind es nur zwei Kilometer.

Wüstenhof

Weitersburg am Rhein

Was für ein Ausblick! Schloss Stolzenfels, die Festung Ehrenbreitstein, zu Füßen Rhein und Mosel – allein dafür lohnt es sich, an diesen Ort zu kommen. Im 12. Jahrhundert wurde der „Wüstenhof" erstmals in Urkunden erwähnt, seit 1750 gehört er den Schneiders. Erst betrieb die Familie Landwirtschaft, vor hundert Jahren startete sie mit der Gastronomie.

Heute sind es die herzlichen Gastgeber Conny Schneider-Zentz und Stephan Zentz, die die Ausflügler willkommen heißen. Über die Gemarkung des historischen Anwesens führt der berühmte Rheinsteig. Wer auf ihm wandert, kann sich hier mit frisch zubereiteter Kost stärken. Das fleißige Team serviert gute Schnitzel, Salate, Spinatknödel und je nach Jahreszeit weitere vegetarische Gerichte, nachmittags leckere hausgemachte Kuchen – und natürlich wohlschmeckende Weine von Rhein und Mosel.

Auf einen Blick

„Wüstenhof": gute bodenständige Küche, liebevoll ausgestattete Gasträume, großer Biergarten, geeignet für Festlichkeiten, immer wieder Kulturveranstaltungen.

Wüstenhof 1, 56191 Weitersburg
Tel. 0261-60572, www.ausflugslokal-wuestenhof.de

Die Kräuterwirtschaft gehört zum Garten-Hotel „Hunsrücker Fass“

Süßkartoffel-Rösti mit Kräuterschmand – lecker!

Hunsrücker Fass

in Kempfeld, Hunsrück

Die Kräuterbeete im Garten und die Streuobstwiese unterhalb des Hauses – neben der Küche zählen sie zu Sebastian Schuffs liebsten Arbeitsplätzen. Die duftenden Kräuter sind Bestandteil vieler seiner Gerichte, etwa der selbst gemachten Kräuterspätzle, die zum feinen Kalbsfilet gereicht werden, oder der köstlichen Lavendel-Eiscreme. Aus den eigenen Äpfeln, Birnen und Mirabellen zaubert die Hausbäckerei Sorbets und Kuchen, einen Teil brennt Mosel-Winzer Jörg Bauer zu exquisitem Schnaps.

Das Restaurant zwischen Mosel und Nahe – am nördlichsten Punkt des Nationalparks Hunsrück-Hochwald – führt Schuff seit 2013. Alles wird frisch zubereitet. Die Lebensmittel stammen größtenteils aus der Gegend. Einheimische und Feriengäste schätzen im „Hunsrücker Fass“ auch Spezialitäten wie den Spießbraten vom offenen Holzfeuer.

Auf einen Blick

„Hunsrücker Fass“: gute regionale Küche, drei gediegene Gasträume und Terrasse, 20 Gästezimmer, Wellnessbereich, idyllischer Garten mit Teich. Das Haus bewirtet auch das nahe Ausflugsziel Wildenburg.

Hauptstraße 70, 55758 Kempfeld
Tel. 06786-9700, www.hunsruecker-fass.de

Ausspannen und genießen: bestens möglich bei Reichardts

Schmidtburger Hof

Weiler im Nahetal

Der ehemalige Gutshof der Grafen von Schmidtburg ist seit 1796 in Familienbesitz und wurde ursprünglich als Landwirtschaft geführt. Ende der 50er Jahre startete die Familie mit einer Strauß-wirtschaft – heute ist das einfühlsam umgestaltete Anwesen ein höchst genussvoller Ort der Entspannung inmitten des Nahetals.

Christel Reichardt führt das Haus mit ihren Töchtern Melanie, Miriam und Elisa. Sie ist auch die Köchin und Hüterin alter Familienrezepte. Fleisch vom Metzger Schmidt und Brot vom Bäcker Dalheimer im Ort – „von ihnen kriege ich Ware, auf die ich mich verlassen kann", nennt sie gerne diese Beispiele. Mit befreundeten Winzern kreierten Reichardts eine eigene Weinlinie. Riesling, Burgunder und Co. werden als „Hausmarke" ausgeschenkt. Von Freitag bis Sonntag heißt es „offene Tür". Unter der Woche bewirten die „Reichardt-Mädels" exklusiv die Hausgäste.

Auf einen Blick

„Schmidtburger Hof": leckere Regionalküche, zwei gemütliche Stuben, Innenhof mit 70 Plätzen, besondere Angebote wie z. B. vegetarisches Buffet, 15 Gästezimmer, Gewölbekeller für Weinproben.

Hauptstraße 20, 55627 Weiler
Tel. 06754-452, www.schmidtburger-hof.de

Von der Terrasse hat man einen wunderschönen Blick auf die Nahe

Hermannshöhle

Niederhausen, Nahe

Am Fuße der Lage Hermannshöhle, der Spitzenwinzer wie Helmut Dönnhoff zu Weltruhm verhalfen, liegt das nach ihr benannte Gasthaus der Wecks. Diesen Ort dürfen wir ebenso mit großem Genuss in Verbindung bringen. Hausherr Wigbert Weck hat in Drei-Sterne-Häusern Erfahrung gesammelt.

„Gehoben, aber nicht abgehoben", lautet die Idee des Küchenchefs. Gute Grundprodukte aus der Umgebung machen ihm Lust, auf die herrlichen Nahe-Weine zuzukochen. Kross gebratener Zander auf Blattspinat, Kalbsrücken, Lammhüfte mit Ratatouille oder ganz einfach eine gebratene Blutwurst – alles schmeckt perfekt. Mit seiner Frau Sylvin und einem engagierten Team eröffnete Weck 2017 in dem Anwesen eine stilvolle Vinothek. Hier werden unter anderem die frischen Rieslinge von zwölf Nahe-Winzern verkauft und ausgeschenkt.

Auf einen Blick

„Hermannshöhle": feine regionale Küche, gemütliche Gaststube, Vinothek mit 40 Sitzplätzen, Terrasse, von Bad Kreuznach 15, von Mainz 45 Minuten. Für Wanderer bietet sich die Regionalbahn von Mainz bis Bad Münster an, von dort sind es 10 km Fußweg.

Hermannshöhle 1, 55585 Niederhausen
Tel. 06758-6486, hermannshoehle-weck.de

Von der Wirtschaft zum Rhein sind es zu Fuß knapp zehn Minuten

Historische Weinwirtschaft

in Oberwesel am Mittelrhein

„Lauworme Geisekäs“ oder „Hunsrigger Krumbeereklees“ – die Stammgäste lieben die im Dialekt der Region abgefasste Speisekarte. Wirtin Iris Marx übersetzt gerne und ist seit gut 30 Jahren fröhliche Gastgeberin dieser pittoresken Wirtschaft. Das 500 Jahre alte Fachwerkhaus neben der Liebfrauenkirche hat die Wirtin vor gut 30 Jahren einfühlsam renoviert. In den Stuben sieht man die Bruchsteinmauern und traditionelles „Holzlehmgeflecht“. Der Ort ist leider eine der letzten guten Adressen im Städtchen Oberwesel, das in einem wunderschönen Abschnitt des Mittelrheintals zwischen Bingen und Koblenz liegt.

Einheimische, Feriengäste, sie alle schätzen das Lokal nicht zuletzt wegen seiner Regionalküche. Die Chefin holt z. B. fangfrische Fische vom Forellenhof Flach im Wispertal auf der anderen Rheinseite. Dazu schenkt sie feine Weine vom Mittelrhein aus.

Auf einen Blick

„Historische Weinwirtschaft“: leckere regionale Küche, gemütliche Sitzplätze in historischem Gemäuer, herrliche Gartenwirtschaft. Oberwesel ist Teil des Weltkulturerbes Mittelrhein.

Liebfrauenstraße 17, 55430 Oberwesel
Tel. 06744-8186, www.historische-weinwirtschaft.de

Große Gastlichkeit im 1830 erbauten Gutshaus der Familie Rumpf

Weinstube Kruger-Rumpf

in Münster-Sarmsheim, Nahe

„Wie geschmackvoll!“ – dieses hohe Lob bezieht sich nicht nur auf die Güte der Speisen und die Klasse der Weine, die hier gereicht werden. Nein, was Cornelia Rumpf und ihre Familie mit der Verwandlung des Winzerhauses inklusive Stall in ein so behagliches Gasthaus vollbracht haben, ist außergewöhnlich.

Die sorgfältige, nach Denkmalschutzvorgaben erfolgte Renovierung, wohl abgestimmte Farben und stilvolle Dekoration sind beste Voraussetzungen für fröhliche Tafelrunden: Bärlauchsüppchen im Frühling, Lammrücken, geschmorte Schweinebäckchen mit geschnippelten Bohnen, Salate und Gemüsegerichte – die Köche gehen mit der Jahreszeit. Nie darf auf der Karte der „Winzerschmaus“ fehlen, für den Käse und Schinken im Kartoffelbrotteig gebacken wird. Dazu schätzen die Gäste die frischen und aromenreichen Tropfen aus dem eigenen Weingut.

Auf einen Blick

„Weinstube Kruger-Rumpf“: feine saisonale Landküche, Weinstube in historischem Gutshaus, großer Gastraum im Kreuzgewölbe, Tafelraum, Terrasse und Innenhof, 2 Gästezimmer, 1 Ferienwohnung, Weingut (VDP), 20 Autominuten von Mainz

Rheinstraße 47, 55424 Münster-Sarmsheim
Tel. 06721-43859, www.kruger-rumpf.com

Die Espenschieds eröffneten vor knapp 20 Jahren ihre Weinwirtschaft

Tipp:
Radeln zwischen Rhein und Reben – die Tour führt immer wieder an schönen Vinotheken vorbei

Espenhof

in Flonheim-Uffhofen, Rheinhessen

Weil die Winzer Heike und Wilfried Espenschied spürten, dass beide ihrer Kinder Leidenschaft für den Familienbetrieb entwickelten, erwarben sie im Jahr 2000 das aus Uffhofener Sandstein errichtete Haus gegenüber. Einfühlsam bauten sie es zu einem Gasthaus um. An die früher hier untergebrachte Poststation erinnert die Poststube. Heute ist Tochter Lena Appelmann die Wirtin, an den Wochenenden helfen die Eltern natürlich kräftig mit.

Zwei Köche – beide mit Erfahrung in der Sternegastronomie – zaubern eine feine Landküche. Einer von ihnen züchtet auch Schweine, Schafe und Rinder, mit denen er Espenschieds beliefert. Von leichten Salaten übers perfekte Schnitzel bis zu fünfgängigen Menüs erfreuen die Macher am Herd ein bunte Genießergemeinde. Lenas Bruder Nico hat das Weingut übernommen. Er beschickt die Wirtschaft mit leckeren Burgundern und Riesling.

Auf einen Blick

„Espenhof", feine Landküche mit regionalen Zutaten, Weinwirtschaft, Poststube mit 20 Sitzplätzen, romantischer Innenhof, Festscheune mit 120 Plätzen, 21 Gästezimmer, Weingut und Vinothek

Poststraße 1, 55237 Flonheim-Uffhofen
Tel. 06734-962730, www.espenhof.de

Wohlfühlort südwestlich von Koblenz: der Landgasthof Michels

Tipp:
Besuch des nahen Heimweberei-Museums, das die Tradition des Handwebens dokumentiert

Michels

in Schalkenmehren/Vulkaneifel

Vulkanische Überbleibsel wie Maare, Kegel und sprudelnde Quellen sind in der Westeifel zu bestaunen. Inmitten der einzigartigen Natur steht der Landgasthof „Michels". Vor 130 Jahren war es ein landwirtschaftliches Anwesen mit Poststelle. Die Filiale avancierte zum Gasthaus, geleitet von Familie Michels.

1986 kam Küchenmeister Hubert Drayer aus seiner Schwarzwälder Heimat zu Tante Rosel und Onkel Werner – zu den Michels. Seit 1996 führt er das Haus mit seiner Frau Melanie. Fleisch und Gemüse beziehen die umtriebigen Wirtsleute aus der Region, ebenso Biobrot von Utters & Sohn in Dockweiler, Käse von Gröner in Loogh und vom Vulkanhof Gillenfeld. Im „Michels" kommen weder Geschmacksverstärker und Konservierungsstoffe noch genmanipulierte Produkte auf den Tisch. Hier schmeckt's natürlich lecker!

Auf einen Blick

„Michels": feine Regionalküche, Räume im Landhausstil, überdachtes Gartenlokal mit Wasserspiel, 4-Sterne-Hotel mit 96 Betten, Hallenbad und Wellnessbereich, direkt am Natur- und Geo-Park Vulkaneifel gelegen.

Sankt-Martin-Straße 9, 54552 Schalkenmehren/Vulkaneifel
Tel. 06592-9280, www.landgasthof-michels.de

Zwischen Koblenz und Trier liegt der idyllische Ort Zeltingen

Ein Schaufenster bester Kreszenzen der Moselregion ist die Vinothek

Zeltinger Hof

in Zeltingen an der Mosel

„Hier wird wie früher gekocht“, sagt Markus Reis. „Gräwes“ (Sauerkraut mit Kartoffelpüree), Kassler, Rindergulasch in Weinsoße und viele weitere moselländische Traditionsgerichte werden von seiner Küchenmannschaft aufs Beste zelebriert. Die Eltern des Gastwirts haben das Haus im Dorfkern in den 60er Jahren gekauft und erstmal eine Metzgerei geführt. Bald kam die Wirtschaft dazu. Mittlerweile kann Familie Reis den Gästen aus der Ferne auch moderne und gleichzeitig urgemütliche Zimmer anbieten. Sechs Häuser im Ort hat sie liebevoll renoviert und damit den Dorfkern regelrecht wiederbelebt.

Die Nähe zur weltberühmten Riesling-Lage „Zeltinger Sonnenuhr“ verpflichtet: Der Hausherr ist geprüfter Sommelier und hat in seiner Vinothek beste Tropfen der Mosel (u.a. Selbach-Oster) und von befreundeten Winzern aus ganz Deutschland im Angebot.

Auf einen Blick

„Zeltinger Hof“: leckere traditionelle Küche, behagliche Gastwirtschaft mit stilvoller Vinothek, 40 originell renovierte Gästezimmer, Weinabende mit Spitzenwinzern, Fahrten mit Oldtimern in die Reben mit Schifffahrt auf der Mosel

Kurfürstenstraße 76, 54492 Zeltingen-Rachtig
Tel. 06532-93820, www.zeltinger-hof.de

Das Haus liegt nahe des Nationalparks Hunsrück-Hochwald

Tipp:
Wandern auf den prämierten Wegen des Saar-Hunsrück- oder des Moselsteigs

Bahnhof

in Thalfang am Erbeskopf

Die Bahnhofsuhr tickt, ein Schild weist „Zu Gleis 2“, die Bahn fährt ein. So klein ist sie, dass sie ihre Runden über der Theke der Bahnhofswirtschaft drehen kann. Auf den Schienen draußen ist der letzte Zug längst abgefahren: die Hunsrückbahn stillgelegt und mit ihr die Station in Thalfang östlich von Trier.

Den Schmidts ist es zu verdanken, dass Einheimische und Reisende in dem denkmalgeschützten Gebäude heute charmant bewirtet werden. Sohn Torsten kaufte es 2012, mit seiner Mutter Ulrike verwandelte er es in ein Gasthaus. Im Wartesaal stehen Bugholzstühle an den Tischen; ausgesuchte Weine von Nahe, Mosel, Saar und Rhein werden ausgeschenkt, wo man früher Billetts kaufte. Die Wirte setzen auf Tradition und gute Zutaten. Die liefern auch Mitglieder von „Ebbes von Hei“ (Etwas von hier), einer Plattform für regionale Erzeuger, vom Bäcker bis zum Imker.

Auf einen Blick

„Bahnhof Thalfang“: leckere Küche mit regionalen Produkten, liebevoll renovierte Bahnhofswirtschaft, acht Gästezimmer in Bahnhof und Gartenhaus (eingerichtet mit Design-Klassikern), ideales Gebiet für Wanderer, Radler und Mountainbiker, E-Bike-Verleih

Charlottenhöhe 1, 54424 Thalfang am Erbeskopf
Tel. 06504-9569330, www.bahnhof-thalfang.de

Große Gastlichkeit im Winzerort Mehring an der Mosel

Landgasthaus Müller

in Mehring an der Mosel

Karl Müllers Großvater hat das Haus inmitten von Mehring 1897 gebaut. Seither sind hier Gastronomie, Metzgerei und eine große Weinbautradition vereint. Die Leidenschaft des Hausherrn und gelernten Metzgers gilt der Herstellung besonderer Schinken und Würste. So manche Rezeptur bringt Müller sogar von Reisen in ferne Länder mit. Lavendelschinken und Co. sind nicht nur im Gasthaus beliebt. Stammgäste aus der Ferne lassen sich ihn gerne auch nach Hause schicken.

Eigentlich braucht man hier gar keine Speisekarte. Die meisten Gäste verlassen sich auf das, was Müllers an den Tisch bringen – sowohl auf dem Teller als auch im Glas. Besonders bekannt sind die Wildgerichte. Gastgeber Karl und seine Frau Ulli servieren dazu feine Weine von der Mosel. Junge, unbekannte Winzer zu entdecken und aufzubauen ist Müllers Anliegen.

Auf einen Blick

„Landgasthaus Müller“: regionale Küche mit vielen Wildspezialitäten, eigene Metzgerei, u. a. Fleischverkostungen, Weinproben, Saal für Festlichkeiten und fünf Gästezimmer.

Bachstraße 35, 54346 Mehring
Tel. 06502-99123, www.mueller-mehring.de

Jahre stand es leer, heute ist das Haus eine stilvolle Gastwirtschaft

Tipp:
Spaziergang durch die Weinlage „Laurentiuslay" mit herrlichem Blick auf die Mosel

Vierzehn85

Leiwen an der Mosel

Der Name ist Programm: Das 1485 errichtete historische Anwesen den Menschen wieder zugänglich zu machen – mit diesem Ziel kauften Astrid und Norbert Schmitz vor ein paar Jahren das frühere Leiwener Zehnthaus. Komplett entkernt, aufs Feinste saniert, eröffneten sie es 2017 – als wunderschönes Gasthaus.

Der Koch der neuen Adresse, Alexander Eckert, ist dabei, sich ein Netzwerk zuverlässiger Lieferanten aus der Gegend aufzubauen. Fische aus der Eifel, Wild aus der heimischen Jagd – der Anfang ist gemacht. Süße Gerichte wie der „Arme Ritter" erinnern an alte Zeiten. Dazu werden je nach Jahreszeit Früchte oder Kompott gereicht. Mit Freude schenken die Gastgeber feine Moselweine aus, etwa die Rieslinge der Weingüter Nick Köwerich, Carl Loewen und Werner – oder auch Gutes von der nahen Saar.

Auf einen Blick

„Vierzehn85": 40 Sitzplätze über zwei Stockwerke verteilt, Terrasse mit 24 Plätzen, zwei moderne Gästezimmer, von Trier aus mit dem Auto in 30 Minuten und auch gut mit dem Bus erreichbar, eine Minute Fußweg zur Mosel.

Euchariusstraße 10-12, 54340 Leiwen,
Tel. 06507-9393901, www.vierzehn85.de

Wildparadies im Herzen des Ahrtals

Jagdhaus Rech

Rech im Ahrtal

Mit großer Leidenschaft kümmert sich Gastgeber und Koch Markus Bitzen um bestes Wild von befreundeten Jäger-Kollegen und verarbeitet es zu großartigen Gerichten. Seit er vor gut zehn Jahren mit seiner Frau Marina den Gasthof der Eltern übernommen hat, wird nur noch Fleisch und Gemüse aus der Region serviert. Zu dem Haus in Rech, in der nördlichsten Ecke von Rheinland-Pfalz und nahe Bonn, gehören mittlerweile auch Hofladen und Online-Handel, über den Bitzens das hochwertige Wild tiefgefroren versenden.

Besonders gefragt sind die Liebhabermenüs – beispielsweise das mit diversen Rothirsch-Variationen –, aber auch die besonderen Gemüse von Bauer Edgar Janz in Alfter. Veggies werden auch hier gut bekocht. Die Wirtin, ausgebildete Sommeliere, empfiehlt inmitten der Weinregion Ahr exzellente heimische Tropfen.

Auf einen Blick

„Jagdhaus Rech“: feine Wildküche, gemütliche Stuben, Terrasse, acht Gästezimmer, Kochkurse, Ausflüge in die umliegenden Weinberge, klassifizierter Wildbetrieb, Mitglied bei Slow Food, Hofladen und Online-Versand

Bärenbachstraße 35, 53506 Rech
Tel. 02643-8484, www.jagdhaus-rech.de

Kuchenkompetenz: Im „Baerlaghof“ wird täglich frisch gebacken

Tipp:
Wandern und Rad fahren durch das Naturparadies Leucht zwischen Issum und Kamp-Lintfort

Baerlaghof

in Issum am Niederrhein

Wer hier zum Frühstück kommt, ist oft noch abends anzutreffen, weil er sich von dem so schönen Ort inmitten der Natur nicht trennen kann. Drinnen die blanken, uralten Holztische und Stühle vor den grün gestrichenen Fensterrahmen, draußen die Gartenplätze umgeben von Wiesen – hier schmecken niederrheinische Küche und selbst gebackene Kuchen gleich nochmal so gut.

Milan Sens Großeltern haben den „Baerlaghof" nordwestlich von Düsseldorf in den 1990er Jahren erworben und liebevoll renoviert. Aus ihrem kleinen Ausschank für Wanderer hat sich ein Gasthof mit feinem kulinarischem Angebot entwickelt. Gastgeber Sen, seine Frau Elena und ein aufmerksames Team verwöhnen die Gäste unter anderem mit Flöns (gebratene Blutwurst), Krustenbraten und Bauernschmaus. Gut, dass die Fleischerei Bäumken und Kartoffelbauer Wellmann zuverlässig Nachschub liefern.

Auf einen Blick

„Baerlaghof": leckere regionale Küche, besonderes Kuchenangebot, urgemütlicher Gasthof auf zwei Ebenen, zwei Biergärten, ideal für Hochzeiten und andere Festlichkeiten, Kultur-Events; von Krefeld 15, von Düsseldorf 30 Autominuten.

Hochwald 38, 47661 Issum
Tel. 02835-3307, www.baerlaghof.de

Ruhe genießen am Dorfteich – im „Mohndorf“ Grandenborn

Gerne zeigt der Chef seinen Gästen, wie die Wurst hergestellt wird

Tipp:
Wandern auf dem herrlichen Hochplateau Ringgau und danach hier einkehren

Teichhof

in Ringgau-Grandenborn, Nordhessen

Wenn Millionen rosavioletter Mohnblüten die Felder um Grandenborn zum Leuchten bringen, dann wird im „Teichhof“ köstlicher Mohnkuchen serviert – selbst gebacken. Auch andere Kuchen, Natursauerteig-Brot, Apfelsaft und Fleischprodukte stellt die Wirtsfamilie nach alter Tradition selbst her. Ihre gerühmte nordhessische „Ahle Wurscht“ und weitere Spezialitäten aus der Hausmetzgerei kann man auch im Hofladen und auf Märkten in ganz Deutschland kaufen.

1921 gründeten Adam und Dorothea Oehler den Gasthof am Dorfteich. Seit 1992 leiten ihn Urenkelin Regina Oehler-Linhose und ihr Mann, der Metzgermeister Edgar Linhose. Ihre Kinder packen fröhlich mit an. Landwirte ihres Vertrauens liefern Schweine und Eier, der Gutshof in Jestädt schickt Kartoffeln und Spargel, Salat und Gemüse wächst bei Dilling in Weißenborn.

Auf einen Blick

„Der Teichhof“: leckere regionale Küche, gemütliche Gaststube mit Wintergarten am Dorfteich, Biergarten, 5 Gästezimmer, 4 Appartements, Hausmetzgerei und Hofladen, auf dem Hochplateau zwischen Eschwege und Eisenach (Thüringen).

Am Teich 5, 37296 Ringgau-Grandenborn
Tel. 05659-810, www.derteichhof.de

Der „Jägerhof“: bekannt für seine frische Küche und bestes Fleisch

Tipp:
Wurstseminar bei Hans Schmidt inklusive Besuch der Schlitzer Destillerie

Jägerhof

in Maar, Vogelsbergkreis

Feuer und Wasser haben den Vogelsberg geformt: eine Vulkanregion westlich von Fulda. Hier ist Hans Schmidt zu Hause, der den Gasthof seiner Familie bereits in fünfter Generation führt.

Der Küchenmeister – und Fleischsommelier(!) – verzichtet kompromisslos auf industriell Vorgefertigtes. Stattdessen setzt er auf Koteletts von Schwäbisch-Hällischen Schweinen, die bei Peter Hamel in Storndorf artgerecht aufwachsen. Auch der örtliche Metzger Otterbein liefert Fleisch. Rinderrücken lässt Hans Schmidt in seiner speziellen Kammer acht Wochen am Knochen reifen, bevor er Steaks serviert. Dieses Verfahren verleiht dem Fleisch den besonderen nussigen Geschmack. Das Lammfleisch stammt von Schäfern, deren Tiere auf den Kräuterwiesen des Vogelsbergs weiden. Für diese Edelkost – und wegen der Herzlichkeit des Wirts – treffen sich in Maar Gäste aus aller Welt.

Auf einen Blick

„Jägerhof": feine saisonale Küche mit regionalen Zutaten, Gasthof mit Wurstmanufaktur, Gewölbekeller, 35 Gästezimmer, Wurst-, Bratwurst- und Wildseminare, Planwagenfahrten mit Picknick, von Fulda 20 Autominuten

Hauptstraße 9, 36341 Lauterbach-Maar
Tel. 06641-96560, www.jaegerhof-maar.de

In der schönen Wirtsstube treffen sich Einheimische und Feriengäste

Krenzers Rhön

in Seiferts in der Rhön

Wie gut, dass in den Obstgärten der Krenzers so viele Äpfel wachsen. Kuchen, fruchtiges Tiramisu, Apfelwein und -sherry – die Wirtsfamilie verarbeitet das Obst zu besonderen Köstlichkeiten. Das Rhönschaf spielt ebenso eine wichtige Rolle: Weil engagierte Gastwirte zwischen Fulda und Meiningen das Lammfleisch in den vergangenen Jahren aktiv in ihrer Küche verarbeitet haben, konnte das Tier vor dem Aussterben gerettet werden. „Artenschutz per Speisekarte", berichtet Jürgen Krenzer gerne.

Seit 1893 betreibt seine Familie das Wirtshaus. Heute ist wieder der ursprüngliche Holzboden im gemütlichen Gastraum zu sehen. Das Team am Herd kocht eine frische und ideenreiche Küche. Das in Apfelwein und Honig eingelegte Bio-Lamm im leckeren „Rhönlammtiegel" gilt als Klassiker. Dazu wird natürlich Apfelwein getrunken, oder das vom Chef selbst gebraute Bier.

Auf einen Blick

„Krenzers Rhön", leckere regionale Küche, Bio-zertifiziert, gemütliche Wirtsstube, 20 Gästezimmer, 8 Schäferwagen (zur Übernachtung), Apfelkelterei mit kleinem Gastraum für Verkostungen, Hofladen

Eisenacher Straße 24, 36115 Ehrenberg-Seiferts
Tel. 06683-96340, www.rhoenerlebnis.de

Unter der mächtigen alten Buche finden gut 100 Gäste Platz

Ole Müllern Schün

Müden an der Örtze, Lüneburger Heide

Zauberhaft ist es hier! Liebevoll gedeckte Tische, ausgewählte antike Sitzgelegenheiten, an der Wand eine Standuhr und Bilder, die an alte Zeiten erinnern. Dazu ein herrlicher Kuchenduft.

Das imposante, vor fast 1000 Jahren erstmals erwähnte Mühlengut wurde um 1500 geteilt. In ihrem „Müllern Hof" begann Familie Springhorn dann Ende der 1970er Jahre die alte „Schün" (Scheune) umzugestalten. Wo vorher Landwirtschaft betrieben wurde, gab es zunächst Kunstausstellungen. 1995 machte Ria Springhorn ihre Leidenschaft fürs Backen zum Beruf und eröffnete das Bauerncafé. Mit der hier traditionsreichen Buchweizentorte, Obstkuchen und großen Kreationen wie der Champagner-Sanddorn-Charlotte begeistert die Bäckerin ihre Gäste. Einige deftige Speisen sind ebenfalls im Angebot. Gefeiert werden kann im stilvoll ausgebauten Obergeschoss der Scheune.

Auf einen Blick

„Ole Müllern Schün": hausgemachte Kuchen und Torten, kleine Vesperkarte, Bauerncafé, stilvoll eingerichteter Raum für Veranstaltungen im Obergeschoss (auf Bestellung wird lecker gekocht), Ferienwohnungen, Kinderspielplatz, am „Heidschnuckenradweg"

Alte Dorfstraße 6, 29328 Müden/Örtze
Tel. 05053-94122, www.ole-muellern-schuen.de

Die Umrundung der Hallig dauert etwa vier Stunden

Ankers Hörn

auf der Hallig Langeneß, Nordsee

Mit jeder Seemeile steigt die Vorfreude auf ein ganz außergewöhnliches Gasthaus. Eineinhalb Stunden dauert die Fahrt mit der Fähre vom Hafen Schlüttsiel auf die Hallig Langeneß. Es lohnt, sich ein paar Tage Zeit zu nehmen. Wer „Ankers Hörn“ besucht, genießt neben Natur und absoluter Ruhe eine feine, nordisch geprägte Küche, die nach einer Umrundung der Hallig besonders vorzüglich schmeckt.

Wer in der behaglichen Stube mit ihren typischen Fliesen Platz nimmt, genießt einen wunderbaren Blick auf den Leuchtturm, die Inseln Föhr und Amrum. Hausherr Malte Karau serviert frische Nordseeküche, abends ein Drei-Gänge-Menü. Eine wichtige Zutat ist natürlich der Fisch. Traditionsgerichte wie das hausgemachte Rübenmus mit Kasseler und Wurst werden fein zubereitet. Auf die „Zuckersnuuten“ wartet die leckere Friesentorte.

Auf einen Blick

„Ankers Hörn“: typische Gaststube und Wintergarten mit 30 Sitzplätzen, 11 Gästezimmer, E-Bike-Verleih, von Husum zum Hafen Schlüttsiel 45 Autominuten

Mayenswarf 2, 25863 Hallig Langeneß
Tel. 04684-291, www.ankers-hoern.de

Wer gerne Fisch isst, sollte auf der Insel bei Hanekamps einkehren

Tipp:
Besuch des Vogelschutzgebiets Langenwerder. Führungen sind außerhalb der Brutzeit möglich.

Forellenhof

auf der Insel Poel, Ostsee

Hering, Dorsch, Scholle frisch aus der Ostsee – Manfred Hanekamp versteht es, sie zu ganz besonderen Delikatessen zu machen. In seiner Räucherkammer sucht er immer wieder neu nach der besten Zusammenstellung der Hölzer, um den Fischen auf natürliche Weise eine wohlschmeckende Rauchnote zu verleihen.

Wer von Wismar über den Damm und die Brücke auf die Insel kommt, sollte sich in Hanekamps Räucherei am besten gleich mit einer solchen Köstlichkeit stärken. Im Speiselokal nebenan ist das Angebot freilich größer: Ingrid Hanekamp serviert bodenständige Mecklenburger Küche. Prominent ist natürlich auch hier der Fisch: etwa das schmackhafte Dorschfilet mit Senfsoße nach einem geheimen Familienrezept. Der Name des Hauses stammt übrigens noch aus der Zeit vor 1989: Hier war damals eine große Forellenzucht untergebracht.

Auf einen Blick

„Poeler Forellenhof“: bodenständige Mecklenburger Küche, leckere Fischgerichte, gemütlicher Gastraum und Terrasse direkt an der Ostsee, eigene Räucherei mit Verkauf, 4 Ferienwohnungen, 2 Ferienhäuser, Wohnmobilstellplatz und Sportboothafen

Niendorf 13, 23999 Insel Poel,
Tel. 038425-4200, www.poeler-forellenhof.de

Landleben genießen am Nordrand von Hamburg

Tipp:
Hofführung auf Gut Wulksfelde jeden ersten und dritten Samstag im Monat

Gutsküche

Tangstedt im Alstertal

Die herrliche Lage inmitten von Gut Wulksfelde macht den Besuch dieses Gasthauses schon einmal grundsätzlich zum Erlebnis. Wer hier jedoch einen Mittag oder Abend lang genießt, wird inspiriert, über Geschmack und „Lebens-Mittel" neu nachzudenken.

In ihrer norddeutschen Heimat eröffneten die weit gereisten Köche Rebecca und Matthias Gfrörer vor zehn Jahren ihre „Gutsküche" auf dem Gelände des 450 Hektar großen Bioland-Betriebs. Gemüse, Eier, Fleisch von artgerecht gezogenen Schweinen und Rindern verarbeiten sie mit Leidenschaft und gemeinsam mit einem hoch motivierten Team. „Die Gäste sollen erfahren, wie etwas schmeckt und warum", so die Idee der Gastgeber. Der respektvolle Umgang mit dem Produkt steht im Vordergrund. Was die Felder vor der Tür nicht liefern können, bezieht Küchenchef Gfrörer je nach Saison bei weiteren Produzenten des Vertrauens.

Auf einen Blick

„Gutsküche": hochfeine saisonale Landküche, Bioland-zertifiziert, stilvoller und gemütlicher Gastraum mit offener Küche und 85 Sitzplätzen, Terrasse, Guts-Café, Streichelzoo, Spielplatz, Hofladen, Hofbäckerei

Wulksfelder Damm 15-17, 22889 Tangstedt bei Hamburg
Tel. 040-64419441, www.gutskueche.de

Der Ziegelsteinbau ist umgeben von mächtigen Eichen

Tipp:
Besuch des Wildparks Lüneburger Heide in Hanstedt-Nindorf

Zur Eiche

in Ollsen, Lüneburger Heide

Die Heidschnucken-Currywurst ist der Renner. Gleich danach kommt das Feierabend-Bier am Stammtisch oder auf der Eichenholz-Bank vor der Tür – bei dem sich die Ollsener über die nächste Chorprobe unterhalten oder einfach mal gar nichts tun.

Als „Krugwirtschaft mit Ausspann“ wurde das Haus 1858 erstmals urkundlich erwähnt. Claudia Albers pachtet es seit 2012, obwohl so mancher Bedenken hatte, ob eine Wirtschaft im Dorf noch funktioniert. Heute freut sie sich, dass es gelingt, „Lackschuh und Gummistiefel“ zusammenzubringen. Hier in der Eiche trifft sich alles. Am Herd werkelt Konstantin Kramer und überlegt sich jede Woche neue pfiffige saisonale Gerichte. Spargel bestellt er hierfür bei Brauels in Toppenstedt, Gemüse und Kartoffeln bei Sellhorns in Egestorf. Fleisch bringt Schlachter Ernst aus Neugraben – auch die guten Zutaten für das beliebte Currywurstgericht!

Auf einen Blick

„Zur Eiche“: leckere frische Landküche, gemütliche Gaststube mit Geweihen, Kaminstube, Saal für 80 Personen (ideal für Festlichkeiten), Bänke vor der Tür und Terrasse, 45 Autominuten südlich von Hamburg

Am Naturschutzpark 3, 21271 Hanstedt-Ollsen
Tel. 04184-88300, www.landgasthof-zureiche.de

Die „Linde“ gilt als beliebtes Ziel nach der Insel-Radtour

Zur Linde

in Middelhagen, Insel Rügen

Auf der Halbinsel Mönchgut finden Urlauber einen Ort, an dem sie sich garantiert nicht über schlechtes Wetter ärgern. Urgemütlich ist es hier, besonders im Obergeschoss, wo viele Holzbalken und antike Möbel Behaglichkeit ausstrahlen. 1451 wurde das Haus errichtet, in den 1990er Jahren erwarb es Rügen-Fan Steffen Leistert. Zusammen mit Mirko Liencke und dem engagierten Team umsorgt er heute die Inselbesucher.

Stammgäste bestellen in der „Linde" Scholle mit heißen Stachelbeeren oder Zander mit Sauerkraut und Thymiankruste. Sie schätzen, dass Soßen hausgemacht sind und täglich frisch gebacken wird. Sogar der Kaffee wird selbst geröstet. In der nahen Hausbrauerei produziert Fachmann Kay Kliesow feine Biere. Von dessen naher Brennerei „Zur Strandburg" stammen auch die edlen Schnäpse, die in der Gaststube als Digestif gereicht werden.

Auf einen Blick

„Zur Linde": leckere bodenständige Küche, urgemütliche Gasträume auf zwei Ebenen mit 120 Sitzplätzen, schöne Terrasse mit 85 Plätzen, 21 Gästezimmer, Hausbrauerei, hauseigene Kaffeerösterei; 15 Gehminuten zum Strand

Dorfstraße 20, 18586 Middelhagen, Insel Rügen
Tel. 038308-5540, www.zur-linde-ruegen.de

Idyll nordöstlich von Berlin: der „Huberhof“

Huberhof

in Seehausen in der Uckermark

Ein paar Meter zum See, grüne Wiesen, Wälder und direkt am Radweg Berlin–Usedom: Wer zum „Huberhof" in Seehausen fährt, erlebt Uckermark vom Feinsten – und findet im am dünnsten besiedelten Landkreis Deutschlands absolute Ruhe.

Gertraud Huber kam 1994 aus Bayern hierher und verwandelte ein altes Fachwerkhaus zum wunderschönen Gasthof. Sie baute an und kann mittlerweile zahlreiche Gästezimmer und Ferienhäuser anbieten. In der Gaststube servieren sie und ihr Küchenteam leckere bodenständige Küche. Besonders gefragt sind die Wildgerichte im Herbst, für die Hubers Wild aus Brandenburger Wäldern beziehen. Großen Anklang bei den Stammgästen finden der erfrischende Apfelwein von Florian Profitlich in Kraatz, die guten Tropfen aus dem Anbaugebiet Saale-Unstrut und aus weiteren deutschen Weinregionen.

Auf einen Blick

„Huberhof", leckere bodenständige Küche, urgemütliche Gaststube, 24 Gästezimmer, sechs Ferienhäuser, eine Minute Fußweg zum Oberuckersee, von Berlin Hbf mit der Regionalbahn ohne Umsteigen in 80 Minuten erreichbar.

Dorfstraße 49, 17291 Oberuckersee-Seehausen
Tel. 039863-6020, www.seehotel-huberhof.de

Im geschmackvoll renovierten Gastraum befindet sich auch ein Laden

Zum grünen Baum

Ringenwalde, Landkreis Uckermark

Hugenottenkartoffeln – mit Bratkäse von Wolters in Bandelow, Kräuterpfannkuchen, roter Krautsalat – hier schmeckt man, wie aus vermeintlich einfachen Produkten außergewöhnliche Delikatessen werden können. „Mit sieben Kindern lernt man, so zu kochen“, lautet Katharina Räthels einfache Erklärung. Gut, dass sie und ihr Mann Markus 2008 den „Grünen Baum“ erworben und mit neuem Anstrich wiedereröffnet haben. In dem charmanten Gasthaus nördlich von Berlin kocht sie nun auch für ihre Gäste.

Vorbei an den sanften Hügeln und klaren Seen der Uckermark kommen die Genießer mittlerweile von weit her, um Räthels besondere saisonale Küche kennenzulernen. Mit Bedacht kaufen die Wirtsleute dafür beste Zutaten im Umland ein – Gemüse von Sommerfelds, Fleisch von der Fleischerei Buckow und von Gut Temmen. Das Eis kommt mit dem Käsepaket aus Bandelow.

Auf einen Blick

„Zum grünen Baum“: feine Regionalküche, bezaubernd eingerichteter Gastraum, Saal, Terrasse, sechs Gästezimmer, zwei Appartements, im Biosphärenreservat Schorfheide-Chorin, direkt an der Wanderroute „Märkischer Landweg“

Dorfstraße 57, 17268 Temmen-Ringenwalde
Tel. 039881-44016, www.landgasthofzumgruenenbaum.de

Genießen und Kraft tanken bei Familie Peters östlich von Berlin

> **Tipp:**
> Eine Radtour am Scharmützelsee. Rund um Bad Saarow gibt es mehrere Routen

Alte Eichen

Bad Saarow am Scharmützelsee

Fangfrische Zander von Fischer Oliver Kobelt aus Wendisch Rietz, ein Platz im Garten direkt am See, dazu vielleicht ein frischer Weißburgunder – so kann ein perfekter Tag aussehen. Eine Stunde etwa dauert es raus aus Berlin – hier im Haus der Peters erwartet den Besucher Genuss und absolute Ruhe.

Nach 1989 erhielt die Berliner Familie ihr Anwesen wieder zurück. Seither führt sie es mit viel Liebe und hält es mit großem Aufwand instand – zuletzt das Landhauszimmer mit seinem schönen historischen Ofen. Küchenchef Manuel Günther bezieht für seine regionale Küche das Gemüse und die weiteren Zutaten von Händlern seines Vertrauens. Würzfleisch vom Havelländer Apfelschwein, Ragoût fin von der Brandenburger Ente, ein traditionell gefertigtes Wiener Schnitzel vom Linumer Wiesenkalb – es lohnt sich, etwas länger zu bleiben.

Auf einen Blick

„Alte Eichen": feine Regionalküche, Landhausstube und drei weitere Gasträume, ideal für Festlichkeiten, 38 Gästezimmer, Seeterrasse, privater Badesteg und Seezugang, Liegewiese, in der Nähe Kletterwald und weitere Attraktionen für Kinder

Alte Eichen 21, 15526 Bad Saarow,
Tel. 033631-43090, www.landhaus-alte-eichen.de

Hauptstadtnah im Grünen: der Gasthof der Familie Schössow

Landgasthof Mühlenteich

Eggersdorf im märkischen Oderland

Wer mit der Berliner S-Bahn ostwärts fährt, der gelangt ganz in die Nähe von Eggersdorf. Die Gemeinde liegt am Rand der Märkischen Schweiz umgeben von märchenhaften Seen und Wäldern und ist Sitz dieses wunderbaren Gasthofs. Um 1910 als „Gesellschaftshaus“ eröffnet, war er lange Treffpunkt für Familien und Vereine. Nach 1945 wurde die Gaststätte unter anderem als wildes Tanzlokal betrieben, was dem Gebäude weniger gut bekam. Schließlich weckten Annemarie und Peter Schössow es aus seinem Dornröschenschlaf, sanierten und eröffneten es 1997.

Inzwischen führt Tochter Nicole das Haus, und längst ist es kein Geheimtipp mehr: Hier werden Forellen aus Karlsdorf serviert, Lamm aus dem Ruppiner Land und Spargel aus Beelitz. Zur Familie gehört ein Jäger, der die Küche mit Wild beliefert; Marmeladen und Enten-Griebenschmalz stellen die Gastgeber selbst her.

Auf einen Blick

"Mühlenteich": feine Küche mit vielen Produkten aus der Region, Bauernstube, Jägerstube, Terrasse, 4-Sterne-Hotel mit 20 Zimmern. Von Berlin aus 40 Autominuten; wer das Rad in der S-Bahn mitnimmt, radelt von Straußberg aus noch zehn Minuten

Karl-Marx-Straße 32, 15345 Eggersdorf
Tel. 03341-42660, www.landgasthof.de

Inmitten der Natur: Der Gasthof liegt 28 Kilometer südlich von Dresden

Bärenfels

in Altenberg-Bärenfels, Erzgebirge

Auf der Panorama-Terrasse das Vogelgezwitscher, die gute Luft und den weiten Blick ins Tal genießen, allein das hat schon großen Erholungswert. In „Bärenfels“ auch kulinarisch umsorgt zu werden macht den Besuch im Osterzgebirge zu einem besonderen Erlebnis.

Der herzliche Gastgeber Jan Kempe konnte das 1672 erbaute Gebäude vor 20 Jahren erwerben. Seither hat er den alten Gasthof zu einem Genussort für Familien, Wanderer und Mountainbiker verwandelt. Mit Mutters Rezepten und dem Grundsatz, auf Fertigsoßen und Convenience zu verzichten, erfreuen er und sein treues Küchenteam die Stammgäste. Gekocht wird mit vielen Bio-Erzeugnissen, vor allem jedoch möchte der Wirt zuverlässige Produzenten aus der Gegend unterstützen. Eine äußerst erfolgreiche Erfindung des Hauses ist der Erzgebirgs-Burger!

Auf einen Blick

„Bärenfels“: leckere regionale Küche, Bio-zertifiziertes Gasthaus, zwei gemütliche Gaststuben, Wintergarten mit 60 Sitzplätzen, 15 Gästezimmer, Panorama-Terrasse, Garten mit Grill

Alte Böhmische Straße 1, 01773 Altenberg-Bärenfels
Tel. 035052-2280, www.gasthof-baerenfels.de

Neben dem Weingut Schuh liegt das Gasthaus der Familie

Zur Bosel

in Sörnewitz

Die Gründung des Weinguts im Jahr 1990 inmitten der herrlichen Rebberge bei Meißen stand am Anfang. 1997 eröffnete Familie Schuh neben der Kelterei in einem liebevoll sanierten Fachwerkhaus das Weinrestaurant. Gastgeberin ist Mutter Martina Schuh, Tochter Katharina und Sohn Matthias betreiben das Weingut.

In der Küche des Gasthauses wirbelt Roswitha Lehmann: Forellen von der Teichwirtschaft Moritzburg, Fleisch und Wurst vom Fleischer Kretschmann aus Meißen, Spargel aus Nieschütz - am liebsten verarbeitet die Köchin Zutaten aus der Gegend. Ideal dazu passen Riesling, Elbling und die Cuvees des Hauses wie etwa der "Rote Schuh" aus roten Trauben. Auch der Tresterschnaps ist selbst hergestellt. Das Haus liegt am Elbe-Radweg und ist deshalb eine feste Adresse für die Radfahrer aus dem nahen Dresden. Mit dem Auto sind es dorthin 30 Minuten.

Auf einen Blick

„Zur Bosel“: feine Küche mit regionalen Zutaten, 40 Sitzplätze im gemütlichen Fachwerkhaus, 40 im Weingarten, zehn Gästezimmer und zwei Ferienwohnungen, direkt am Elbe-Radweg, Weinprobe in der Vinothek möglich, geführte Themenwanderungen

Dresdner Straße 314, 01640 Coswig-Sörnewitz
Tel. 03523-84810, www.weingut-schuh.de

Wunderbares Ausflugsziel nahe Dresden: Adams Gasthof

Tipp:
Besuch der Barockausstellung und Führung im Schloss Moritzburg

Adams

Moritzburg

Wer von Dresden nach Norden radelt, der erreicht nach knapp 20 Kilometern Moritzburg und hat dann die süße Qual der Wahl: erst zum Schloss oder gleich zu „Adams“? Der Gasthof verdankt seine Existenz dem Kurfürsten Johann Georg II., der 1675 einem treuen Amtmann den Platz vor den Toren des Schlosses Moritzburg schenkte, dazu das Schank- und Braurecht.

Seit Mai 2017 bewirten Bernd und Uwe Haufe die „sächsisch königliche Ausspanne“. Frisch kochen, traditionelle Gerichte richtig gut machen, darin sehen die beiden Brüder zunächst ihre Aufgabe. Auf dem großzügigen Gelände möchten sie die Gastronomie behutsam weiterentwickeln. Fleisch, Karpfen und Gemüse beziehen die Gastwirte in der Umgebung. Nahe der sächsischen Weinlandschaften, bieten sie eine Auswahl feiner heimischer Tropfen, etwa die „Hausmarke“ des Winzers Martin Schwarz.

Auf einen Blick

„Adams Gasthof“: leckere gutbürgerliche Küche in historischem Gasthof, mit Jagdtrophäen geschmückte Gaststube, Kaminzimmer, Ballsaal, Wintergarten, restaurierte Scheune, Garten mit Terrasse und Teich

Markt 9, 01468 Moritzburg
Tel. 035207-99775, www.adamsgasthof.de

Hüter großer Brautradition: das „Brauhaus" in Westthüringen

Brauhaus

in Friedrichroda, Landkreis Gotha

Die wohl berühmteste Bratwurst der Welt wird so charmant zelebriert, dass man gerne einen weiten Weg auf sich nimmt, um sie hier zu probieren. Der immer herzliche Wirt Thomas Schack serviert die „Thüringer“ am liebsten auf dem Spezialitätenteller – zusammen mit den guten Thüringer Klößen, die er nach traditioneller Rezeptur natürlich selbst herstellt.

Seit 1895 befindet sich in dem schmucken Haus eine Gastwirtschaft. Ein Jahrhundert weiter war es bis 1989 ein staatlicher Betrieb. 1995 hat Schack das Brauhaus übernommen, später gekauft. Mit großer Umsicht bewahren der gelernte Koch und seine Lebensgefährtin Doreen Schulz die alte Bausubstanz und die originale Inneneinrichtung. Schacks große Leidenschaft gilt dem Brauen. Seine Biere sind ein Gaumenschmaus. Es empfiehlt sich, über die Anreise mit der Thüringer Waldbahn nachzudenken.

Auf einen Blick

„Brauhaus Friedrichroda“: leckere bodenständige Küche, historische Gaststuben, zwei Biergärten (im größeren auch Musikveranstaltungen), fünf Gästezimmer im Haus, 24 Zimmer in zwei weiteren Häusern, Hausbrauerei (Führungen)

Bachstraße 14, 99894 Friedrichroda
Tel. 03623-304259, www.brauhaus-friedrichroda.de

Erst Gericht, jetzt Gasthof: Erbaut wurde das Haus 1756

Tipp:
Besuch der Bregenzer Festspi
– per Schiff – oder eine
Bodensee-Rundfahrt

Reiner

Lochau am Bodensee

Einst war in dem stattlichen Haus das Landgericht untergebracht, zur Freude der Bregenzer Genießer-Gemeinde befindet sich darin jetzt der Gasthof der Brauereifamilie Reiner. In Philipp Rainer (mit „ai"!) fand sie einen engagierten Wirt, der mit seinem Team große Gastlichkeit und eine ehrliche regionale Küche bietet.

Saftige Steaks vom Ländle-Rind, Spanferkelhaxn mit Knödeln oder Käsknöpfle mit Bregenzerwälder Bergkäse – Küchenchef Wolfgang Erdmann sucht immer nach den besten Zutaten für seine Gerichte. Das Fleisch etwa bezieht er bei Metzger Fetz in Andelsbuch, Bodenseefische bei Helbocks in Bregenz. Das Gemüse stammt von der nahen badischen Insel Reichenau. Das passende Getränk in der gemütlichen Wirtschaft: ein frisches Reiner-Bier oder einer der erlesenen österreichischen Weine. Im Obergeschoss sind weitere schöne Räume für Veranstaltungen.

Auf einen Blick

„Reiner": traditionelle österreichische Küche mit Produkten aus der Region, historische Gaststube, weitere stilvoll renovierte Räumlichkeiten im 1. Stock (u. a. Stuckzimmer), großer Gastgarten, 6 Gästezimmer, von Bregenz fünf Autominuten

Hofriedenstraße 1, 6911 Lochau/Österreich
Tel. 0043 (0)5574-44222, www.reiner-lochau.at

Wenige exklusive Plätze warten auf die Feinschmecker

Tipp:
Wanderung im traumhaften Tannheimer Tal. Die Route auf die Krinnenspitze beträgt 8,2 km.

Morent

in Zöblen, Tirol

In diesem urigen Stübchen auf 1100 Meter Höhe tafelt man in auserwähltem Kreis. Nur vier Tische finden darin Platz. Wer rechtzeitig reserviert, zählt zu den Glücklichen, von Ralf Morent und seiner Familie bewirtet zu werden. Es empfiehlt sich, eine der feinen Gästewohnungen zu mieten, denn der Hausherr ist ein großer Kenner österreichischer Weine. Sich mit ihm über die edlen Tropfen zu unterhalten, ohne kosten zu dürfen, wäre traurig.

Im Tannheimer Tal mit seinen kristallklaren Bergseen und traumhaften Aussichten vollbringen die Morents wahre kulinarische Werke. Morent geht mit seinem Sohn Raphael auf die Jagd und zum Fischen. Reh, Wildhasen und Hirschkalb, Hecht und Forellen verarbeitet Timi, eine Ungarin, zu unvergesslichen Menüs, die nach dieser herrlichen Natur schmecken. Tochter Lisa fertigt als Süßspeisenexpertin feinsten Palatschinken.

Auf einen Blick

„Morent“: heimelige Stube mit zwölf Sitzplätzen, zwei Ferienwohnungen in modernem Alpenstil in der Scheune, Wellness-Wohnung im Haus, Terrasse mit Aussicht auf die Zöbler Berge, von München 2 Stunden mit dem Auto (über Memmingen).

Zöblen 14, 6677 Zöblen/Österreich
Tel. 0043 (0) 5675-20033, www.morent.at

Einmaligen Hüttenzauber bietet die Angerer Alm am Kitzbüheler Horn

Tipp:
Vor der Almtür befinden sich 43 Pistenkilometer. Nach der Skitour einkehren und genießen

Angerer Alm

St. Johann in den Kitzbüheler Alpen

Weit müsste man wandern, wenn man in dieser Höhe solch köstliches Essen und eine so formidable Weinauswahl nochmal erleben wollte: 400 verschiedene Weine aus Österreich und der ganzen Welt lagern im Keller der Alm. Allein sie wohlbehalten auf 1300 Meter zu bringen, ist ein Dankeschön wert.

Wirtin und Sommeliere Annemarie Foidl steht für die Weinkompetenz der Angerer Alm, Tochter Katharina und Gerald Weiß sind die Künstler am Herd. Die zünftige Stärkung der Skifahrer und Wanderer mit Brotzeit und Kaiserschmarren gehört zu deren fröhlichem Alltagsgeschäft. Große Tafel-Kultur bieten die drei liebenswerten Gastgeber abends. Bei Kerzenschein tischen sie unvergesslich gute alpenländische Küche mit den dazu passenden Weinen auf. Wie gut, das es die reizenden Gästezimmer gibt, damit man Ski oder Wanderschuhe über Nacht stehen lassen kann.

Auf einen Blick

„Angerer Alm": 3 urige Stuben, u. a. mit Kachelofen und offenem Kamin, Weinkeller mit insgesamt 6000 Flaschen, Sonnenterrasse mit grandiosem Ausblick, 13 Gästezimmer

Berglehen 53, 6380 St. Johann in Tirol,
Tel. 0043 (0) 5352-62746, www.angereralm.at

Mitten in Golling steht das prächtige Gasthaus der Döllerers

Döllerers Wirtshaus

Golling bei Salzburg

Hier im Wirtshaus den Tag zu beginnen ist vielleicht die beste Möglichkeit, durch Döllerers Genusswelten zu reisen: frischer Topfen, Eier, duftendes Brot, „Semmerl“, Marillenmarmelade und vieles mehr, dazu feiner Kaffee – und wer zum Frühstück Edles aus der hauseigenen „Fleischhauerei“ kosten möchte, spaziert zur Metzgertheke und lässt es sich auf den Teller legen.

Seit 1909 betreibt die große Wirtsfamilie Döllerer diese besondere Gastronomie mit all ihren Facetten. Im urgemütlichen Wirtshaus kultivieren Küchenchef Andreas Döllerer und seine Mannschaft die vielfältige österreichische Traditionsküche. Tagtäglich beschickt ein Netz von 35 regionalen Lieferanten das Haus mit naturnah erzeugten Produkten, etwa die Tauernlamm-Genossenschaft, für die rund 100 Bauern Schafe züchten. Mit Leidenschaft pflegen die Gastgeber die hochkarätige Weinkarte.

Auf einen Blick

„Döllerers Wirtshaus“: feine österreichische Traditionsküche, herrlicher Innenhof mit Blick auf die Reben, 24 Gästezimmer, Metzgerei, Weinhandel, von der ICE-Station Golling 5 Minuten zu Fuß. Im Haus befindet sich auch das Restaurant „Alpine Cuisine“.

Markt 56, 5440 Golling/Österreich
Tel. 0043 (0)6244-42200, www.doellerer.at

Der Gasthaus befindet sich seit 1885 im Besitz der Familie

Wirtin Hermi kümmert sich um den prächtigen Gastgarten

Tipp:
Ausflug im Hausruckviertel. Sommerrodelbahn und Klettersteig unweit von Gaspoltshofen

Klinger

Gaspoltshofen in Oberösterreich

Die „Fritattensuppe“ schaffte es einst sogar ans Wiener Burgtheater. Doch die Kochkünste der berühmten Seniorchefin Hedi Klinger gingen weit über diese Speise hinaus. Nur gut, dass Sohn Willi die Köchin vor ein paar Jahren überreden konnte, die feinen Rezepte in ein Buch zu fassen. Sohn Wolfgang übernahm das Gasthaus 2004. Weil er auch noch Bürgermeister in Gaspoltshofen ist, organisiert Küchenchefin Eva Sterrer das fröhliche Treiben rund um den Herd.

Der Leitsatz der Klingers bis heute: Auch das Einfache soll nobel schmecken. Und das tut es: Grießnockerlsuppe, Hühnerbrüsterl mit Rieslingsoße, Zwiebelrostbraten im Rahmsafterl – ein Gedicht! Je nach Saison werden frische Gemüse dazu auf den Punkt gegart. Die Cousine des Wirts, Elisabeth Huber, ist Diplom-Sommeliere und kredenzt erstklassige österreichische Tropfen.

Auf einen Blick

„Klinger“: feinste österreichische Küche, Gastzimmer, Mittelzimmer, Stüberl (insgesamt 100 Sitzplätze), großer Weinkeller, herrlicher Gastgarten, südöstlich von Passau, von dort aus 60, von Linz ebenfalls 60 Autominuten

Jeding 1, 4673 Gaspoltshofen/Oberösterreich
Tel. 0043 (0) 7735-6913, www.gasthof-klinger.at

Der „Kirchenwirt“: Genussort inmitten des Nationalparks Kalkalpen

Kirchenwirt Ahrer

in Großraming, Oberösterreich

Wie großartig ein Gasthaus für die Dorfgemeinschaft sein kann, spürt man beim „Kirchenwirt“. Nach dem Gottesdienst treffen sich die Großraminger bei Angela Ahrer: zu einer Suppe und einem Getränk – oder auch zum großen Mahl. Seit mehr als hundert Jahren ist das Gasthaus in Familienbesitz, rund 30 Jahre schon ist Angela die allseits geschätzte Kirchenwirtin.

Für ihre feine Küche ist sie auch auswärts bekannt: Spinatknödel, Bärlauch-Gnocchi, Kürbisgerichte – je nach Saison und von großer Güte. Kalb von der „Biokeiwi“-Vermarktungsgemeinschaft, Lamm von benachbarten Landwirten und die Gänse von Deichsels aus Waldneukirchen – das Küchenteam verarbeitet all dies zu köstlichen Speisen. Die Äpfel für Strudel und Kuchen wachsen im eigenen Obstgarten. Im Herbst wird frischer Apfelsaft gepresst. Im Weinkeller lagern gute österreichische Tropfen.

Auf einen Blick

„Kirchenwirt Ahrer“: feine Regionalküche, urgemütliche Gaststuben, lauschiger Gastgarten, 18 Zimmer, Saal für Festlichkeiten, E-Bike-Verleih, idealer Ausgangspunkt für Radtouren. Ins wunderschöne Steyr sind es 30, nach Linz 60 Autominuten.

Kirchenplatz 4, 4463 Großraming, Österreich
Tel. 0043(0)7254-8256, www.kirchenwirt-ahrer.at

Der Gasthof „Fally“ liegt inmitten der Hügellandschaft „Bucklige Welt“

Tipp:
Im Gasthof finden regelmäßig Musikveranstaltungen, Kabarett und Weinabende statt

Fally

Kirchberg am Wechsel, Niederösterreich

Der grüne Kachelofen, die hellen Holzvertäfelungen an den Wänden, historische Bilder in Schwarz-Weiß und das Kruzifix hoch oben – das „Fally“ ist ein Wohlfühlort. Viele Wiener fahren am Wochenende eine Stunde raus, sammeln Pilze oder Heidelbeeren – und kehren danach hier ein. Seit an Seit mit den Einheimischen genießen sie familiäre Atmosphäre und die gute Küche.

Seit 1911 befindet sich der Gasthof in der sanften Hügellandschaft südlich von Wien in Familienhand. Franz Fally senior und der heutige Chef Franz junior sind Jäger. Deshalb zählen feinste Wildgerichte zu den Spezialitäten des Hauses, Schwammerl und die „Backhendl“ von frei laufenden Hühnern aus der Steiermark ebenso. Chefin Gitti und ihr Bruder Fred kümmern sich um den Weinkeller. Ihre großen festlichen Weinmenüs mit Grünem Veltliner, Welschriesling und Co. sind unvergessliche Erlebnisse.

Auf einen Blick

„Fally“: feine österreichische Küche mit frischen Produkten, Gastzimmer, Stüberl und Saal, Terrasse mit herrlichem Ausblick, 10 Gästezimmer, von Wien 60 Autominuten, hervorragende Möglichkeiten für Wanderer

Ödenkirchenstraße 7, 2880 Kirchberg am Wechsel/Österreich
Tel. 0043 (0) 2629-7205, www.landgasthof-fally.at

In einer anderen Welt: auf 2189 Meter Höhe regionale Küche genießen

Tipp:
Von der Terrasse sieht man die kurvenreiche Strecke des legendären Bernina Express

Belvedere

in Alp Grüm, Engadin

Mit dem Mountainbike, zu Fuß oder per Bahn lässt sich dieses Traumziel im italienischsprachigen Engadin erreichen. Hoch oben auf knapp 2200 Meter Höhe angekommen, ist der Blick in das Val Poschiavo und den Palügletscher am Fuß des Berninagebiets unvergesslich schön.

Eduard und Katrin Un heißen die neuen Wirte. Die Tradition ihres Vorgängers, für diese Gegend typische Speisen anzubieten, setzen sie aufs Beste fort. Hausgemachte Nudeln aus Buchweizenmehl und gerollte Mangoldblätter mit leckerer Fleischfüllung sind Beispiele für eine frisch zubereitete, leckere Küche. Eingekauft wird im Tal, hauptsächlich bei Erzeugern von Bio-Produkten. Wer in diesen beeindruckenden Höhen Lust verspürt, ein Fest zu feiern: Es werden eine bestens geeignete „Alpin-Lodge“ und elf gemütliche Gästezimmer angeboten.

Auf einen Blick

„Belvedere“, historisches Bergrestaurant, Sonnenterrasse, „Alpin-Lodge“ für Festlichkeiten und „Break-Out-Lodge“ (für Seminare), 11 Zimmer, von der Bahnstation zum Haus 10 Fußminuten

7710 Alp Grüm/Schweiz
Tel. 0041 (0) 818440314, www.belvedere-alpgruem.ch

Pracht-Gasthof: das Anwesen in Schangnau südöstlich von Bern

Kemmeriboden-Bad

in Schangnau, Emmental

Die wertvollen Holzvertäfelungen strahlen Behaglichkeit aus. Wer in dem liebevoll dekorierten „Saal“ Platz nimmt, kann sich einer frohen Tafelrunde sicher sein. Zuvorkommend erklären die freundlichen Mitarbeiter das Angebot. Man kann es kaum erwarten, die angepriesenen Köstlichkeiten zu probieren.

Die Familie des heutigen Besitzers Reto Invernizzi hat das wunderbare Anwesen 1841 gekauft, seither ist es ein Landgasthof. Umsichtig führt der Hausherr den heute denkmalgeschützten Besitz in die Zukunft. Dabei hilft ihm Küchenchef Max Biggemann, der mit großer Sorgfalt gute Produkte auswählt und daraus äußerst wohlschmeckende Gerichte zaubert. Weithin bekannt ist eine besondere Süßigkeit des Hauses, die „Merängge“ – die freilich nicht viel mit einer Kaufhaus-Meringe gemein hat.

Auf einen Blick

„Kemmeriboden-Bad“: feinste Landküche, fünf urgemütliche historische Stuben, 30 stilvolle Gästezimmer, Übernachtung im Iglu möglich, sehr schönes Wellnessangebot, Blockhaus für Veranstaltungen, von Bern 60 Autominuten.

6197 Schangnau/Schweiz
Tel. (004 (0) 34-4937777, www.kemmeriboden.ch

Das Gebiet um Fäld: Paradies für Wanderer und Schneeschuhläufer

Schweiz

Tipp:
Für Gruppen ab sechs Personen bietet der Berggasthof besondere Fondue-Abende im Iglu an

Bärgkristall

Fäld im Wallis

Wer von Binn aus eine Stunde hoch wandert auf die knapp 1600 Meter Höhe, wird fürstlich belohnt. Auf der Terrasse des urigen Berggasthofs gibt es zur Vorspeise den grandiosen Blick in die Berge, danach tischen die Wirtsleute auf: „Chuchisuppe", „Chollera" und „Älplermagronen" – die reizende Ursula Ledermann erklärt, was es mit den so schmackhaften Gerichten aus Teig, Kartoffeln, Äpfeln und Kräutern auf sich hat.

Seit 2014 sind sie und ihr Mann Ernst, ein ehemaliger Lehrer, in dem Weiler Fäld im schönsten Wallis zu Hause. Am kleinsten Dorfplatz der Schweiz kochen sie nach den ursprünglichen Rezepten dieser einzigartigen Bergwelt. Besonders beliebt ist das Hähnchen, das mit dem Bergkäse von Bauer Zumthurm gefüllt und in Speck gewickelt wird. Dazu schmecken die Weine aus Visperterminen, einem der höchstgelegenen Weinberge Europas.

Auf einen Blick

„Bärgkristall": feine Walliser Landküche, Berggasthof auf 1547 Meter Höhe, Terrasse, Kräuterkurse, 4 Zimmer, mit dem Auto Anreise bis Parkplatz Fäld möglich, von dort 5 Minuten Fußweg

3996 Binn-Fäld/Schweiz
Tel. 0041 (0) 27971-0378, www.baergkristall.ch

Das Land der Reben

Wo hierzulande feine Weine wachsen

Von Baden im Süden bis Saale-Unstrut im Norden erstrecken sich die 13 deutschen Weinanbaugebiete

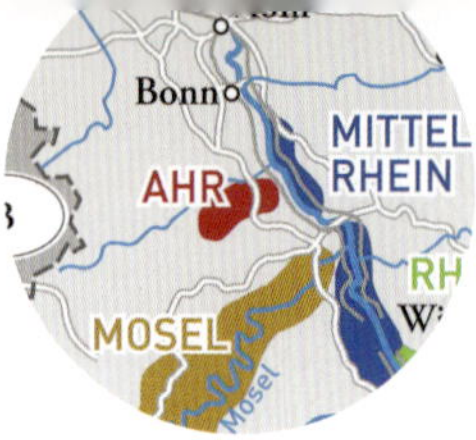

Ahr

Spätburgunder-Wunderland inmitten steiler Felsen

Die Steilhänge über der Ahr sind vor allem durch die exzellenten Roten berühmt geworden. Mit etwa 560 Hektar Rebfläche ist das Gebiet im Norden von Rheinland-Pfalz eines der kleinsten in Deutschland. Die klimatischen Vorteile des Ahrtals wussten bereits die Römer zu schätzen und begannen hier in inmitten der Felslandschaft mit dem Weinbau. Neben dem bekannten Spätburgunder Rotwein ist es der Frühburgunder, den die Winzer mit viel Anstrengung kultivieren. Zur Pflege und Ernte müssen sie oft in extrem steile Lagen klettern.

Die Ahr schlängelt sich bis zum Rhein. Wanderer lieben besonders den Rotweinwanderweg von Bad Bodendorf bis Altenahr.

Ahrweiler mit dem Kloster Calvarienberg

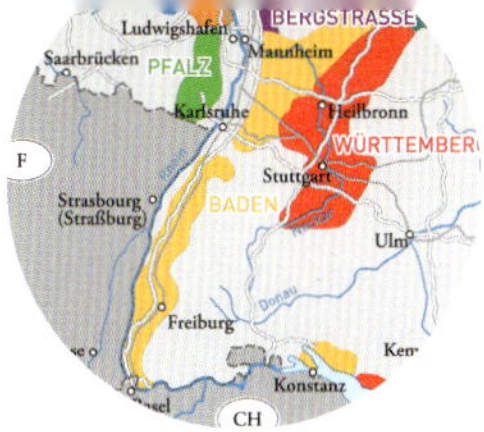

Baden

Burgunderparadies im Südwesten

Im Dreiländereck – in Nachbarschaft zu Schweiz und Frankreich – liegt das Anbaugebiet Baden. Vom Bodensee im Süden bis Tauberfranken im Norden erstreckt es sich auf 400 Kilometer Länge. Vielfältig sind die Rebsorten, die gekeltert werden. Reichlich Sonnenstunden tragen dazu bei, dass hier besonders Spätburgunder Rotwein, Grau- und Weißburgunder bestens gedeihen.

Am Bodensee gilt als weitere Spezialität der Müller-Thurgau, im Markgräflerland der Gutedel. Im Kaiserstuhl, am Tuniberg und im Breisgau sind die Burgunderprofis unterwegs. Die Ortenau ist auch bekannt für ihre feinen Rieslinge. Tauberfranken, badische Bergstraße und Kraichgau pflegen zudem den Schwarzriesling.

Legendärer Blick auf Oberbergen im Kaiserstuhl

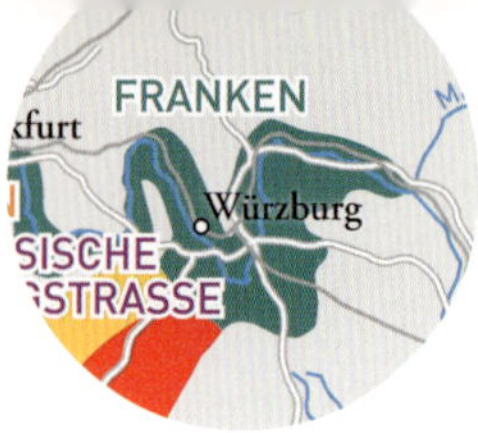

Franken

Berühmt für den Bocksbeutel und beste Silvaner

Umrahmt von der Rhön im Norden, dem Steigerwald im Osten, Taubertal und Spessart im Süden und Westen liegt das Bocksbeutel-Land Franken. Die Weinmacher im Freistaat Bayern bewirtschaften 6000 Hektar Reben und sind hochgeschätzt für ihre Silvaner – ob als Spezialität für jeden Tag oder großes Gewächs im Premiumbereich. Die zweite sehr verbreitete Rebe ist der Müller-Thurgau, dem besonders die jungen Winzer wieder zu großem Ansehen verhalfen. Als typisch gilt zudem der Bacchus.

Doch Franken kann auch Rotwein. Seit Jahren entstehen hier große Spätburgunder. Wer das Gebiet per Rad erkunden will, wählt am besten den Main-Radweg.

Blick auf den bekannten Weinort Escherndorf

Hessische Bergstraße

Sortenvielfalt entlang malerischer Dörfer und Wege

Der hessische Teil der Bergstraße wurde in den 70er Jahren zu einem eigenständigen kleinen Anbaugebiet, das eine Rebfläche von 460 Hektar umfasst. Die Region „Starkenburg“ beginnt unten an der hessischen Landesgrenze südlich von Heppenheim und endet im Norden fast bei Darmstadt. Der zweite, viel kleinere Bereich „Umstadt“ ist bekannt als „Odenwälder Weininsel“.

Die Winzer ernten hier Riesling, Müller-Thurgau, Silvaner – und natürlich Grauburgunder, Weißburgunder und Spätburgunder Rotwein. Der Bergsträßer Weinlagenweg führt mitten durch die Reben und bietet Wanderern einen fantastischen Ausblick auf Rheinebene und Odenwald.

Die Starkenburg und Heppenheimer Weinberge

Nahe

Liebliches Grün und Rieslinge mit großer Strahlkraft

Das Nahetal mit seinen grünen Wiesen, Hügeln und Felsen zählt zu den kleineren Weinregionen. Auf 4200 Hektar gedeihen zu einem Viertel Riesling, immer mehr Weiß- und Grauburgunder sowie traditionell Müller-Thurgau, Kerner, Silvaner und Scheurebe. Auch Rotweine wie der Spätburgunder spielen eine wichtige Rolle. Geschützt vom hohen Hunsrück entstehen bei milden Temperaturen große Weine.

Mittendrin liegen die Heilbäder Bad Kreuznach, Bad Münster am Stein und Bad Sobernheim. Prima erkunden lässt sich das Tal auf dem Nahe-Radweg. Eindrucksvolle 100 Kilometer bietet der Weinwanderweg „Rhein–Nahe“ im Naturpark Soonwald-Nahe an.

Idyll am Wasser: der Rotenfels

Pfalz

Winzerkunst im Land des Waldes und der Reben

Die Deutsche Weinstraße schlängelt sich auf 85 Kilometern durch das zweitgrößte deutsche Anbaugebiet. Sie beginnt an der deutsch-französischen Grenze in Schweigen und endet in Bockenheim. 23 700 Hektar Reben stehen in den beiden Bereichen „Südliche Weinstraße“ und „Mittelhaardt“.

Geschützt vom Pfälzerwald – der den heimischen Weinmachern schon so manches Stück Holz für ihre Barriquefässer lieferte –, gedeihen große Klassiker: Am verbreitetsten ist der Riesling. Doch auch mit frischen Weiß- und Grauburgundern, fruchtigen Spätburgundern und tiefroten Dornfeldern konnten die Pfälzer in den vergangenen Jahren ihr Profil schärfen.

Der „Kalmitwingert“ in Ilbesheim

Rheingau

Kostbare Gewächse aus Schlössern und Klöstern

Als Hollywood-Drehort („Der Name der Rose") hat das mittelalterliche Kloster Eberbach den Rheingau in den 1990er Jahren international zum Star gemacht. Doch welch kostbare Tropfen in dem Gebiet westlich von Wiesbaden wachsen, wissen die Kenner seit Jahrhunderten. Die 3200 Hektar Fläche verteilen sich auf der rechten Rheinseite von Flörsheim-Wicker bis nach Lorch.

Saftige, finessenreiche Rieslinge aus all den namhaften Betrieben entlang des Flusses und tiefgründige Spätburgunder etwa aus Assmannshausen sind Teil deutscher Weinkultur. Wer Aussichtspunkte wie das Niederwalddenkmal oder Schloss Johannisberg besucht, dem liegen Reben, Rhein und prächtige Orte zu Füßen.

Schloss Vollrads, umgeben von Weinbergen

Rheinhessen

Land großer Tradition und junger Winzertalente

Ob an der Rheinfront um Nierstein oder im weiten Hügelland haben es die namhaften Betriebe zusammen mit talentierten Start-up-Winzern geschafft, das Land nach vorne zu bringen.

Auf der linken Seite des Rheins zwischen Alzey und Worms im Süden und Bingen und Mainz im Norden umfasst das Rebenmeer 26600 Hektar. Im damit größten Anbaugebiet Deutschlands, mitten in Rheinland-Pfalz, keltern die Winzer hauptsächlich Riesling, Müller-Thurgau und Silvaner. Immer mehr entwickeln sie sich auch zu Weiß- und Grauburgunder-Spezialisten. Die mit roten Reben bestockte Fläche hat sich zuletzt sehr vergrößert. Zu den wichtigsten Sorten zählen hier Spätburgunder und Dornfelder.

Rheinfront: Blick vom Brudersberg auf Nierstein

Mittelrhein

Weltkulturerbe mit einzigartigen Weinterrassen

Von Bingen bis Koblenz erstrecken sich die romantischen Reblagen des Anbaugebiets Mittelrhein. Die Römer waren es auch hier, die die ersten Weinstöcke pflanzten. Auf 470 Hektar Fläche – verteilt auf die vielen kleinen und steilen Weinterrassen entlang des Flusses – wachsen feine, frische Rieslinge. Die weiteren Sorten heißen Müller-Thurgau, Grau- und Weißburgunder. Als Rotweinrebe findet man den Spätburgunder.

Der südliche Teil dieser sensationellen Kulturlandschaft, das obere Mittelrheintal, wurde 2002 von der UNESO zum Weltkulturerbe ernannt. Prächtige Burgen über den Rebhängen und idyllische Städtchen und Dörfer folgen dicht aufeinander.

Der Mittelrhein – von Bacharach flussaufwärts

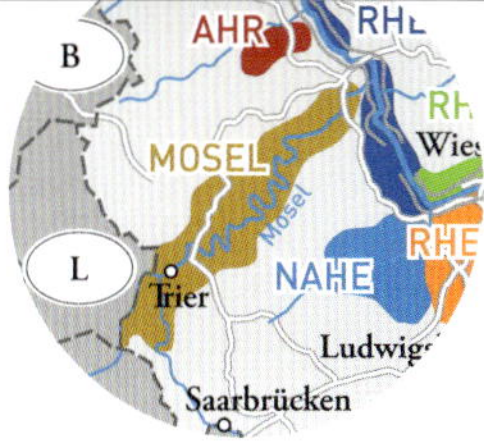

Mosel

Erstklassige Rieslinge verhalfen ihr zu Weltruf

Die Weinberge an Mosel, Saar und Ruwer bilden das Anbaugebiet Mosel. Und es gibt wohl kein anderes auf der Welt, das man so sehr mit der Rieslingrebe in Verbindung bringt wie dieses. Insgesamt sind 8800 Hektar bestockt, davon 5000 mit ihr. Bedeutung gewinnen die Burgunder, Chardonnay und Auxerrois. Die Winzer kultivieren die Reben zur Hälfte auf extrem steilen Lagen und Terrassen, wo keine Maschine eingesetzt werden kann. Die steilste Lage Europas befindet sich im Bremmer Calmont.

Kelteranlagen und weitere Funde aus der Römerzeit zeugen davon, dass die Gegend unweit von Frankreich und Luxemburg die älteste Weinregion Deutschlands ist.

Die imposante Moselschleife bei Bremm

Deutschland

Sachsen

Baukunst inmitten der Reben und edle Weine

Wer die sächsische Weinstraße entlangfährt, erhält einen Eindruck, welch vinophile Geschichte diese Gegend hat. Von Pirnau aus geht es über Dresden, Radebeul und Meißen in die lieblichen Elbweindörfer um Diesbar-Seußlitz. Seit 800 Jahren wird hier Wein angebaut. Schlösser, Villen und Kirchen sind umgeben von traumhaften Reblandschaften. 500 Hektar Reben stehen in dem Anbaugebiet, das in den 90er Jahren neu formiert wurde.

Riesling-, Müller-Thurgau- und Burgunder-Trauben werden zu feinen Tropfen ausgebaut. Mit großer Freude besinnen sich die sächsischen Weinmacher zudem auf die ursprünglichen Sorten der Region wie etwa Elbling und Goldriesling zurück.

Das Lingnerschloss in Dresden

Deutschland

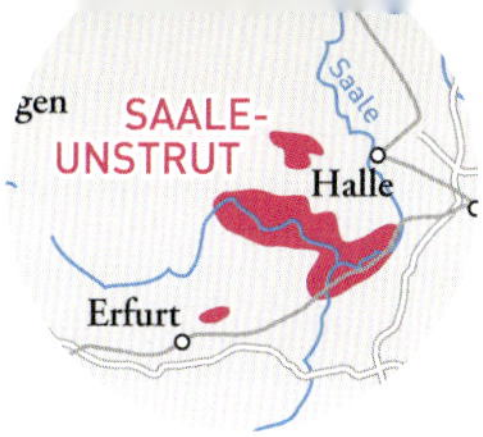

Saale-Unstrut

Weinraritäten aus romantischen Flusstälern

In den Tälern von Saale und Unstrut blicken die engagierten Winzer auf über 1000 Jahre Tradition zurück. Im Jahr 998 wurde der Weinbau entlang der beiden Flüsse erstmals urkundlich erwähnt. Das in den 90er Jahren gegründete Anbaugebiet vereint 770 Hektar Reben und ist das nördlichste Deutschlands. Die Rebhänge rund um Burgen, Schlösser und die „Hauptstadt“ Freyburg befinden sich in Sachsen-Anhalt, Thüringen und Brandenburg.

Die Sortenvielfalt ist groß, am bedeutendsten sind die feinen Müller-Thurgau-Weine, Weißburgunder, Silvaner und Riesling. Zu den wichtigsten Roten zählen Portugieser, Dornfelder und Spätburgunder. Auf schönen Wanderwegen lässt sie sich bestaunen.

Der „Herzogliche Weinberg“ mit Schloss Neuenburg

Württemberg

Rotweinkompetenz im Land der Dichterfürsten

Wie es in so manchen ihrer Werke nachzulesen ist, schätzten bereits Schiller und Hölderlin den Württemberger Roten. Auch heute konzentrieren sich die Weingärtner hier auf Rotweintrauben, die entlang des Neckars und der Seitenflüsse Rems und Enz, Kocher, Jagst und Tauber bestens gedeihen. Insgesamt zählt das Gebiet 11 500 Hektar Anbaufläche, einige Rebstöcke stehen auch am schwäbischen Ufer des Bodensees.

Lemberger, Schwarzriesling, Spätburgunder und Trollinger werden zu herausragenden Weinen vinifiziert. Immer öfters entstehen tiefgründige Cuvées mit mehreren Sorten. Zu den wichtigsten Weißen zählen Riesling, Kerner und Müller-Thurgau.

Neckarschleife bei Mundelsheim

Bezaubernde Weinlandschaften

Land des Grünen Veltliners

Hochkaräter von Donau, Burgenland und Steiermark

Wie kaum eine andere Weinnation hat sich Österreich in den vergangenen Jahren selbst strenge Prinzipien auferlegt, um den Qualitätsstandard noch weiter anzuheben. Wer das Kürzel DAC auf seine Flasche schreibt, verpflichtet sich, wirklich nur gebietstypische Weine in die Flaschen zu füllen, und dies in bester Qualität. Aufgeteilt ist die Weinnation in vier Gebiete. Das größte: Niederösterreich mit 28 150 Hektar Rebfläche. Gleich acht namhafte Regionen zählen dazu: Wachau, Kremstal, Kamptal, Traisental, Wagram, das Weinviertel, Carnuntum und die Thermenregion. Entlang der Donau ernten sie hauptsächlich Grünen Veltliner und Riesling, aber auch Spezialitäten wie Roter Veltliner und Zierfandler, den Rotgipfler und Chardonnay.
Immerhin 637 Hektar sind im Anbaugebiet Wien mit Rebstöcken bepflanzt. Keine andere Hauptstadt weltweit kann so viel Rebfläche vorweisen. Als Rarität gilt der „Wiener Gemischte Satz".

Weltberühmte Süßweine, die roten Reben Zweigelt und Blaufränkisch sowie große Cuvées stehen für das Gebiet Burgenland mit 13 100 Hektar. Die Winzer von Neusiedlersee, Leithaberg, Mittelburgenland und Eisenberg keltern zudem St. Laurent, Merlot oder Cabernet Sauvignon. Die wichtigsten Weißen sind Weißburgunder, Chardonnay, Grüner Veltliner und Welschriesling. Als großer Süßwein gilt der Ruster Ausbruch.
Die Steiermark vereint 4630 Hektar im südlichen Teil des österreichischen Bundeslands. Hier präsentieren sich in den Regionen Vulkanland Steiermark, Süd- und Weststeiermark vor allem Weißweine wie Welschriesling, Sauvignon blanc, Weißburgunder oder Muskateller – und der Schilcher, ein ganz besonderer Rosé aus dem Blauen Wildbacher.

Herrlich gelegene Rebhänge im Wallis (oben) und im Tessin (unten)